Elogio espiritual de la PACIENCIA

LUDOVIC FRÈRE

Elogio espiritual de la
PACIENCIA

SAN PABLO

© SAN PABLO 2024
  Protasio Gómez, 11-15. 28027 Madrid
  Tel. 917 425 113
  E-mail: secretaria.edit@sanpablo.es - www.sanpablo.es
© Groupe Elidia 2020
  Éditions Artège
  10 rue Mercoeur – 75011 Paris
  9 espace Méditérranée – 66000 Perpignan
  www.editionsartege.fr

Título original: *Éloge spirituel de la patience*
Traducido por Almudena Ligero

Distribución: SAN PABLO. División Comercial
Resina, 1. 28021 Madrid
Tel. 917 987 375
E-mail: ventas@sanpablo.es
ISBN: 978-84-285-7136-4
Depósito legal: M. 11.440-2024
Impreso en LiberDigital
Printed in Spain. Impreso en España

¡Santa paciencia, ruega por nosotros!

> «Aunque son numerosas las virtudes
> que nos ayudan a ser felices [...],
> todas ellas arriban, por así decir,
> a un mismo puerto: la paciencia».
> Zenón de Verona, *Tratado*
> *sobre la paciencia*, PL 11,1,1

¡Estoy des-bor-da-do! Me paso el día corriendo de un lado para otro, y encima tengo la desagradable sensación de estar perdiéndome mi propia vida. Mis amigos me lo dicen constantemente. Y yo se lo agradezco, pero si supieran todo lo que tengo que hacer... No tengo tiempo para pararme: apenas puedo contemplar el paisaje que me rodea, casi no quedo con nadie. Tengo demasiados asuntos urgentes que solucionar, demasiado cansancio acumulado. Hasta la idea de buscar tiempo para descansar me agota...

En la bandeja de entrada se acumulan los correos electrónicos. En mi habitación se acumula la ropa para planchar. Mi lista de cosas pendientes se alarga cada día más...

Para ir adelantando, me acerco al supermercado a hacer la compra. Corriendo, voy sorteando los carritos parados en medio del pasillo. Maldigo a sus conductores, que me están haciendo perder un tiempo precioso. Por fin llego a las cajas. Dedico toda mi energía a elegir la cola claramente más rápida. Escojo la caja número dos: es la mejor elección, estoy seguro.

El ritmo es bastante bueno. La gente apenas se habla: paga con tarjeta y adiós. Dos, tres, cuatro clientes ya se han ido.

Pero de repente ocurre una catástrofe: a la abuelita que tengo delante se le ha olvidado pesar los tomates. En un abrir y cerrar de ojos, los clientes de las demás cajas me adelantan. Incluso parece que se están riendo de mí por haber elegido la peor caja. Tenía que haber escogido la número uno, o la tres, ¡lo sabía! Y más cuando, después de haber pesado los tomates, la abuelita saca lentamente unos cupones de descuento del bolso. Más tiempo perdido para registrar los cupones... Unos minutos preciosos que se me escapan entre los dedos. ¡Y todo para que la abuelita pueda ahorrarse treinta céntimos en un paquete de café!

Los clientes que llegaron a las otras cajas a la vez que yo ya han salido del supermercado. ¡Esto no le pasa a nadie más que a mí! Experimento entonces una sensación de derrota, de injusticia y hasta de estafa: ¡me han robado el tiempo!

Maldigo a esa abuelita jubilada que no respeta a los que trabajan. Maldigo a los clientes de las cajas vecinas, que me han robado la victoria. Maldigo a la simpática cajera, que ha sido tan amable con la anciana a pesar de su lentitud. Maldigo tener principios: habría podido ir a las cajas automáticas, pero me horrorizan esas máquinas tan impersonales. Los maldigo a todos porque me han robado el tiempo. ¡Incluso maldigo al tiempo por haberme hecho esta faena!

No sé tener paciencia.

Nunca lo consigo.

Ni siquiera sé si lo he conseguido alguna vez.

Me consuelo pensando que hay mucha gente como yo: ¡la paciencia no es una virtud muy común! Pienso entonces en el gran teólogo de Cartago, Tertuliano, que escribió en torno al año 200: «Confieso a Dios que es algo atrevido, por no decir temerario, escribir un tratado sobre la paciencia, siendo yo totalmente incapaz de practicar esta virtud»[1]. Las palabras de Tertuliano me animan en mi propia pretensión de escribir este libro.

Santa paciencia, ruega por nosotros, rezo mientras espero un autobús que no llega.

Santa paciencia, ruega por nosotros, pienso mientras maldigo mi ordenador, que no arranca.

---

[1] Tertuliano, *De patientia* I.

Santa paciencia, ruega por nosotros, murmuro cuando veo a un matrimonio peleándose por una tontería.

Santa paciencia, ruega por nosotros, porque nos cuesta tanto tener paciencia...

Sin embargo, la paciencia en la cola del supermercado no es nada comparada con la dolorosa paciencia necesaria para enfrentarse a una dificultad o esperar una curación. La paciencia para esperar un tren con retraso no es tan terrible comparada con la paciencia que hay que tener para soportar los defectos de los demás.

Hace mucho tiempo, el papa Gregorio Magno nos decía estas palabras sorprendentes: «¡Regocijémonos! Podemos ser mártires sin caer bajo la espada de los verdugos si conservamos la paciencia». Comparar la paciencia con el valor de los mártires que aceptaron morir por su fe... ¡es posible que este Papa fuera tan lejos! Pero si hacemos caso a san Gregorio, la paciencia sería una oportunidad única para conformar nuestra vida a la de Jesucristo. Sería el testimonio de una vida verdaderamente cristiana, la más sublime expresión de la renuncia a uno mismo.

Así, este *Elogio espiritual de la paciencia*[2] que tenéis en las manos podría revelarse como el elogio

---

[2] Esta obra es una versión actualizada y ampliada del capítulo «Esperas e impaciencias» del libro del mismo autor: *Je n'ai pas le temps*, Laus, Saint-Étienne-le-Laus 2013.

de una forma eminente de caridad. ¿Os apetece superar de una vez por todas vuestros ataques de impaciencia?

¡Ánimo! Se trata de un camino difícil y exigente, pero que alberga grandes promesas de liberación y felicidad. Porque la paciencia no consiste en renunciar *a* vivir, sino en renunciar *para* vivir.

CAPÍTULO 1

Las siete grandes causas de la impaciencia

Para curarse de la impaciencia, o al menos para avanzar en el camino a la curación, lo primero que hay que hacer es admitir que uno está enfermo. ¿Cuáles son las causas de nuestra impaciencia? ¿Cuáles son los síntomas?

Invitemos al «paciente impaciente» a tumbarse en la mesa de examen para identificar sus dolencias. El médico no tardará en detectar siete grandes causas de la impaciencia. Afortunadamente no sufrimos todas a la vez, pero identificarlas puede ayudarnos a conocernos y a entender mejor a las personas que nos rodean.

La impaciencia como expresión de un deseo de tener una vida más intensa

La primera dolencia que nos afecta es la rapidez: hoy en día nos fascina –por no decir que nos obsesiona– todo lo que va rápido. La *fast-food,* el *buzz*[1], el *zapping*... ¡Ni siquiera nos da tiempo a traducir las palabras! «El blog prohíbe la paciencia del poema –se lamenta el filósofo Fabrice Hadjadj–. El *buzz* es el zumbido de un insecto que es aplastado rápidamente por el paso del tiempo»[2], añade. Actualmente, la rapidez es la norma, y la lentitud un problema. A las personas que no pueden seguir el ritmo se las aparta, se las descalifica, se las deja fuera de juego.

Por ese motivo, nuestra época es una gran fábrica de impacientes. Sin embargo, hay muchas cosas que hacemos más rápido que antes, por lo que deberíamos tener más tiempo que en el pasado. Nuestro espíritu debería sentirse más libre de abandonarse a los imprevistos.

Pero es evidente que el tiempo que hemos ganado no ha servido para hacernos más pacientes. Más bien al contrario. Los escasos segundos de espera para acceder a una página web o para descargar un vídeo de YouTube siempre nos resultan demasiado largos. Después del 5G queremos el 6G, y después querremos el 7, y el 8... Como una carrera sin fin hacia la rapidez. Como si los «G» fueran barreras que hay que franquear cada vez más deprisa...

---

[1] Forma de publicidad en la que el consumidor contribuye a lanzar un producto por medio de mensajes, correos u otros medios, principalmente por internet (N. de la T.).

[2] F. HADJADJ, *A mí toda la gloria,* Palabra, Madrid 2020, 38-39.

Incluso en la carretera, la rapidez de nuestros desplazamientos nunca nos basta. Las limitaciones de velocidad suscitan reacciones violentas entre los conductores: pasar de 90 a 80 kilómetros por hora se vive como un drama nacional. Sin embargo, nunca en la historia de la humanidad se ha viajado tan rápido. Y aun así no nos parece bastante. Probad a esperar unos segundos antes de arrancar cuando el semáforo se pone en verde: los pitidos de los demás coches no tardarán en recordaros vuestra gravísima falta de rapidez. ¡Imperdonable! Hay un refrán que dice que la paciencia es una virtud que apreciamos en el conductor que va detrás, pero que soportamos mal en el que va delante.

¿Pero qué es lo que nos da tanto miedo perdernos? ¿De qué tenemos miedo?

En primer lugar, puede que nos dé miedo que la vida pierda una «intensidad» que siempre debería tener. Es el gran mito de nuestra época, ya que la vida debería ser siempre «intensa». Eso es lo que la haría valiosa, lo que le daría sentido... hasta el punto de que un día, tal vez, queramos suprimir la vida de los que ya no son capaces de vivirla intensamente.

Nos exponemos en las redes sociales para demostrarles a todos que hemos pasado una noche «intensa», o que hemos ido a un concierto «intenso». Nos hacemos una foto con un famoso que nos cruzamos por la calle y... ¡tachán! También nosotros nos creemos famosos. Como si la celebridad pudiera adquirirse de un día para otro.

Cuando ocurren hechos que vienen a romper con esa dictadura de la intensidad, es como si la vida perdiera su sentido. En un excelente ensayo llamado *La vida intensa. Una obsesión moderna,* el filósofo Tristan Garcia nos habla de esta sobrevaloración de la intensidad. Aquello que antes se consideraba patrimonio de los reyes se ha convertido ahora en la obsesión de la mayoría: hay que vivir intensamente, sostiene el filósofo. Cuanta más seguridad y confort ofrece la vida, más apremiante –y sofocante– se hace esta llamada a la intensidad: «A los hombres tranquilizados les falta el sentimiento de vivir de verdad, que atribuyen a los que compiten y sobreviven en circunstancias difíciles»[3].

Así que intentamos convencernos de que llevamos una vida intensa, para persuadirnos de que esta tiene un poco de sentido. Hay que experimentar a fondo las cosas para demostrarse a uno mismo y a los demás que se vive intensamente, aun a riesgo de perdernos la verdadera belleza de las cosas, las personas y los gestos. Analizando el mundo moderno, el filósofo Byung-Chul Han afirma:

> La cultura de consumo somete cada vez más la belleza al esquema de estímulo y excitación. El ideal de lo bello se sustrae al consumo. Así es como se elimina

---

[3] T. Garcia, *La vida intensa. Una obsesión moderna,* Herder, Barcelona 2019.

cualquier plusvalía de lo bello. Lo bello se vuelve liso y pulido y se somete al consumo[4].

La tecnología no ha hecho más que acrecentar nuestra impaciencia. De hecho la favorece, porque nos lleva a buscar recompensas de forma permanente. Numerosos videojuegos y aplicaciones tecnológicas se basan en la búsqueda inmediata de gratificaciones. Según Gary Chapman, todo esto contribuye a debilitar la voluntad de progresar por medio del esfuerzo: «El niño tecnológico disfruta las recompensas de manera constante y no puede progresar cuando no se le alaba con suficiente frecuencia o prontitud»[5].

Cuando la enfermedad o cualquier otro contratiempo vienen a interrumpir esta lógica de vida intensa y de recompensa inmediata, nos parece que el mundo entero se viene abajo.

Es posible que la impaciencia en el supermercado oculte un deseo de tener una vida más intensa que esos minutos inútiles haciendo cola. Nos gustaría sentirnos verdaderamente vivos, hacer algo más grande, más bonito y más apasionante que esperar vulgarmente delante de una caja... Esa espera constituye un momento banal que estamos obligados a vivir como todo el mundo, cuando quizá aspiremos a una vida más apasionante que la del común de los mortales.

---

[4] B.-C. Han, *La salvación de lo bello,* Herder, Barcelona 2023³.

[5] G. Chapman-A. Pellicane, *El reto de criar a tus hijos en un mundo tecnológico,* Portavoz, Gran Rapids 2015.

Hacer cola en un supermercado no es digno de la vida emocionante que aspiramos a vivir en cada momento.

Los momentos de espera, por tanto, harían perder a la vida su sabor, pero también la urgencia de su realización total e inmediata, movidos como estamos por la angustia de ver que todo pasa tan rápido. Efectivamente, el salmo 89 reconoce que la vida humana «sale y florece a la mañana, y a la tarde se marchita y se seca» (Sal 89[90],6). La vida pasa como un relámpago. Por eso, perder unos minutos de ese tiempo que corre equivale a perder el tiempo de la vida: mi tiempo en la tierra, ya de por sí limitado, se ve aún más mermado por culpa de esa abuelita que me tiene secuestrado delante de la caja. Esa abuelita me está robando tiempo de vida. Daos cuenta: a mí, que veo cómo se me escapa la vida, esa mujer me está robando una parte.

La impaciencia nace tal vez de ese miedo a la fugacidad de las cosas... unido a la vaga inquietud de que la muerte se acerca cada vez más. En ese sentido, el impaciente sería, en primer lugar, el que tiene miedo a morir. Los momentos perdidos sin hacer nada o sin experimentar nada intenso serían como anticipos del día en que ya no podremos hacer nada, porque estaremos muertos.

Por eso, lo lógico sería que en el corazón del creyente no hubiera sitio para la impaciencia. El ateo se impacienta porque no tiene más esperanza que una vida limitada e intensa en el presente. Pero quien pone su esperanza en el Señor no espera de la vida una intensidad permanente. Quien aspira a la eterna plenitud debería aceptar mejor los momentos de espera y los tiempos muertos.

En todo caso, eso es lo que la esperanza cristiana debería suscitar en nuestro corazón. Pero ninguna estadística ha demostrado que los cristianos tengan más paciencia que los demás. De hecho, nos basta nuestra experiencia personal de creyentes para saber que eso no es así.

Incluso en las celebraciones litúrgicas, los impacientes pueden surgir en el momento menos pensado. Imaginad que estáis en misa, en plena comunión, ese momento sublime en que vamos a encontrarnos con el Señor, que se entrega como alimento y que nos transforma en él para que formemos parte de su Cuerpo. Basta que nuestro compañero de banco tarde un poco en ponerse en la fila para que empecemos a impacientarnos. Basta que una persona distraída nos adelante para que nuestro encuentro con el Señor se vea enturbiado por la sensación de que nos han quitado el sitio. ¡Ay, maldita impaciencia, que viene a empañar nuestros más bellos impulsos espirituales y fraternos!

La impaciencia como reacción al aburrimiento

La impaciencia también puede surgir del aburrimiento. Ya que hablábamos de la misa, vamos a seguir analizando las situaciones que se dan en este contexto. Como sacerdote, a veces noto que a mis fieles se les hace larga la homilía. Esta impaciencia suele manifestarse de manera educada y casi siempre contenida. Sin duda, los adultos la controlan más que los niños, pues cuando se aburren, los más pequeños no dudan en decirlo. Les gustaría salir de la iglesia, jugar al fútbol o entretenerse con el móvil. Cuando eso ocurre, hay niños que preguntan en voz alta a sus padres: «¿Ha acabado ya?». Los adolescentes prefieren susurrar: «¡Menudo rollo!», algo que dice mucho sobre su aburrimiento. Para ellos, el aburrimiento es una experiencia de vacío e incluso de muerte.

Los adultos son más discretos. En su caso, las misas demasiado largas les llevan a distraerse. Si la homilía se prolonga más de diez minutos, su mente empieza a vagar y a pensar en otras cosas, a falta de poder dedicarse a otras ocupaciones. Es lo mismo que nos ocurre en la oración: que nos aburrimos porque no sabemos cómo hablar con Dios.

En muchos casos, el aburrimiento es fruto de nuestra época, ya que creemos que nada de lo que vivimos en el presente tiene interés. Ese aburrimiento genera la impaciencia de querer pasar a otra cosa para consagrarnos a una actividad más satisfactoria. En ese caso, la impaciencia revela un miedo al vacío, a no conseguir dar suficiente sentido a lo que vivimos en el presente.

El filósofo Arthur Schopenhauer, al que podemos calificar de pensador pesimista, analizó minuciosamente el aburrimiento en su ensayo *El mundo como voluntad y representación*[6]. Según Schopenhauer, somos portadores de un poderoso deseo de vivir. Pero cuando nos aburrimos, experimentamos la vacuidad del ser. El aburrimiento sería, por tanto, un indicador de la falta de sentido de la existencia. La impaciencia por escapar del aburrimiento ocultaría en realidad un deseo de huir de esa falta de sentido.

De ahí surgen nuestros arrebatos de impaciencia: nos gustaría vivir algo emocionante para olvidar la vertiginosa realidad de una «vida estéril», como la llama san Pedro (cf 1Pe 1,18). Así que combatimos el aburrimiento con la televisión, los videojuegos, el alcoholismo, la toxicomanía, el exceso de trabajo, las pantallas o las compras. El ser humano parece preferir las distracciones a enfrentarse a la realidad. Sin embargo, esa huida de los tiempos muertos no hace más que alimentar el aburrimiento e incrementar la impaciencia visceral frente al aparente absurdo de la vida.

La impaciencia como deseo de control

Las principales razones de la impaciencia pueden entenderse también de manera positiva, como una

---

[6] A. SCHOPENHAUER, *El mundo como voluntad y representación*, Alianza, Madrid 2017⁵.

expresión de nuestras imperiosas ganas de vivir. Pero muchas veces, esas razones revelan también el deseo ilusorio de controlar el tiempo. De hecho, cuando el impaciente habla del tiempo perdido, siempre lo considera un bien personal. Yo pierdo «mi» tiempo.

De manera instintiva, el tiempo se considera un bien que uno posee. Existen numerosas expresiones sobre el tiempo que atestiguan esta lógica de apropiación: *«mi* tiempo es limitado», «te estoy dedicando *mi* tiempo»...

Por eso, si alguien me hace perder el tiempo sin pedirme permiso, lo considero un robo. La abuelita del supermercado me ha robado. Lo que considero mío prefiero administrarlo como yo quiera.

A veces puedo dedicarle mi tiempo a alguien, incluso de manera voluntaria. Pero perderlo queda absolutamente descartado. Es como cuando damos dinero a alguien que lo necesita. Eso está bien, pero de ahí a perder el dinero... ¡eso ni pensarlo! La impaciencia procede de un sentimiento de pérdida y no de don. Yo no había decidido ceder mi tiempo; me lo han robado, lo he perdido.

¡Devuélveme «mi» tiempo!

¿Pero acaso es legítima esta lógica de la apropiación? Al fin y al cabo, el tiempo no se compra, como se compran los bienes materiales, los servicios o los placeres. Para tomar distancia de esta concepción del tiempo como propiedad personal, es muy útil sustituir la palabra «tiempo» por la palabra «vida». Expresiones como «pierdo el tiempo» o «me haces perder el tiempo» adquieren así un relieve particular: «pierdo la vida», «me haces perder la vida». Nuestra relación con el tiempo podría estar relacionada con nuestra manera de entender la vida.

Por eso, un problema con el tiempo podría indicar un problema con la vida. ¿Por qué me molesta tanto la simpática abuelita del supermercado? ¿No será porque yo también me estoy haciendo mayor? Pronto seré como ella: andaré con torpeza, se me olvidará pesar los tomates y sacaré lentamente los cupones de descuento del bolso. Miedo a envejecer o a morir, sensación de no haber triunfado en la vida, deseo de hacer muchas cosas por temor al vacío o por carencias afectivas... La tensión respecto al tiempo... ¿no revela una tensión respecto a la vida?

Nuestra relación con el tiempo sería, por tanto, un indicador de nuestra relación con la vida: un indicador de la dimensión dramática de la existencia humana, con todo lo que esta tiene de insatisfactorio y doloroso.

Y lo peor es que, curiosamente, los momentos buenos pasan mucho más deprisa que los malos. Cuando queremos que el tiempo se acelere porque nos aburrimos, o porque un ser querido se retrasa, el tiempo parece detenerse. Nuestra impaciencia aumenta mientras la angustia nos oprime el corazón.

En su *Ensayo sobre los datos inmediatos de la conciencia*[7], el filósofo Henri Bergson hablaba de esa subjetividad del tiempo: para el ser humano, la duración que siente es mucho más «real» que el tiempo que indica el reloj. Las personas no somos cronómetros, sino seres vivos y conscientes. Estamos marcados por ese tiempo que pasa demasiado rápido en los momentos felices y demasiado lento en los momentos difíciles.

Las experiencias de impaciencia serían por tanto un doloroso recuerdo de ese combate incesante contra el tiempo. La impaciencia nos lleva a enfrentarnos una y otra vez contra ese terrible enemigo, de métodos perversos, que el filósofo Éric Fiat describía así:

El tiempo nos hiere de muchas maneras:
el pasado feliz nos hiere porque ya ha pasado,
el pasado infeliz nos hiere porque no termina de pasar;
el presente feliz nos hiere porque pasa,
el presente infeliz nos hiere porque dura demasiado;
el futuro feliz nos hiere porque aún no ha llegado,
el futuro infeliz nos hiere porque ha llegado ya[8].

Si tan difícil es tener paciencia, puede que sea porque nos cuesta admitir que en realidad controla-

---

[7] H. Bergson, *Ensayo sobre los datos inmediatos de la conciencia*, Sígueme, Salamanca 2020.

[8] É. Fiat, *Du temps qui passe... et ne passe pas: concordances et discordances des temps*, en Vie Sociale 2 (2013) 27.

mos muy pocos aspectos de la vida: no controlamos ni nuestra salud, ni nuestro futuro, ni las relaciones con los demás... Si al menos controláramos el tiempo, sería un consuelo. Pero también el tiempo se nos escapa. ¡Vertiginosa experiencia de una vida que se nos escabulle entre los dedos!

Sin embargo, la experiencia nos demuestra que solo dejamos de tener miedo cuando no tenemos nada. La desposesión del tiempo, al igual que la desposesión de los bienes materiales y de las realidades mundanas, es la clave de una vida libre. Sin embargo, muchas veces confundimos una vida «libre» con una vida «bajo control». Nos gusta controlar las cosas, nos gustaría que todo ocurriera como teníamos previsto.

La impaciencia no solo concierne a los minutos perdidos en la cola del supermercado: nos enfrenta a todo lo que no controlamos en la vida. En realidad, la pobre cajera no tiene la culpa. Sin querer, se ha convertido en el receptáculo de mis mayores miedos: el tiempo pasa de forma inexorable y tengo tan poco control sobre mi vida...

La impaciencia como reacción egocéntrica

La apropiación del tiempo oculta una causa aún más profunda, que también es consecuencia de ese temor a la falta de control: «mi» tiempo revela un apego excesivo al «yo». Revela que hemos concedido una importancia sobredimensionada al ego, que no cesa de gritar: «¡Existo!». Para convencerme de ello o para demostrárselo a los demás, intento remitirlo todo al yo, incluso el tiempo.

Por eso, muchas veces, la impaciencia está relacionada con un rechazo a renunciar al yo. El impaciente espera que su entorno se pliegue a sus deseos: así no habría más esperas en la caja del supermercado, ni más atascos, ni más retrasos en los trenes. Todo el mundo debería pensar y actuar como yo, a mi ritmo, que es forzosamente el mejor, porque es mío.

Al ser humano le cuesta vivir al ritmo de los demás, o simplemente al ritmo de la vida. El «yo» rechaza esa desapropiación. Pero por mucho que se aferre a ese rechazo –de forma tan obstinada como inútil–, es muy raro que las cosas avancen al ritmo de nuestra voluntad. Y eso nos molesta. Y nos quejamos de que nos roban el tiempo, en vez de disfrutar de esa oportunidad de olvidarnos un poco de nosotros mismos.

Cuando la impaciencia nos invade, bastaría una pequeña dosis de paciencia para disiparla. Pero en vez de eso dejamos que se infle y se alimente de esos pequeños agravios al ego que en realidad no tienen ninguna importancia.

En ese sentido, la impaciencia podría servir para saber cuál es la orientación fundamental de nuestra alma: ¿hacia el ego personal que lo remite todo a sí mismo, o hacia Dios, fuente de todo?

La meta fundamental de la vida humana consistiría en eso: no en negar las necesidades del cuerpo y las aspiraciones de la psique —eso sería un espiritualismo desencarnado—, sino en centrarlas en Jesucristo. Es lo que dice este pasaje de la Carta a los colosenses que escuchamos el Domingo de Pascua: «Si habéis resucitado con Cristo, buscad las cosas de arriba» (Col 3,1).

Si el alma se repliega en el «yo», pierde el hermoso deseo de ser conducida por el espíritu hacia «las cosas de arriba». En vez de orientar las realidades materiales y la psique hacia una finalidad más alta que la simple satisfacción del ego, convierte esa satisfacción en el fin de su existencia. Lo único que cuenta para ella es el «yo».

Pero si el alma dirige el espíritu hacia el espíritu de Dios, sus pulsiones y deseos se orientan hacia un proyecto más grande que ella misma. Dichas pulsiones y deseos se despojan del «yo» para elegir la unión con Dios y la apertura a los demás. Como explica el monje Éphrem Yon:

El alma, por decisión propia, puede orientarse hacia el espíritu para recibir de él las energías del Espíritu Santo y transmitirlas a la vida corporal. También el cuerpo se vuelve partícipe de la vida del Espíritu. De esa manera se vuelve «cuerpo espiritual», es decir, cuerpo animado, vivificado por el Espíritu[9].

---

[9] É. Yon, *L'homme selon l'esprit*, Desclée de Brouwer, París 1995, 20.

Por eso, la impaciencia puede ser un indicador fundamental de la orientación del alma. Si el alma se orienta hacia el ego, nos conduce hacia esos actos que enumera san Pablo en su Carta a los gálatas: «Lujuria, impureza, desenfreno, idolatría, supersticiones, enemistades, disputas, celos, iras, litigios, divisiones, partidismos, envidias, homicidios, borracheras, comilonas y cosas semejantes a estas» (Gál 5,19-21a). En cambio, el alma orientada hacia el espíritu de Dios se descentra del «yo» egocéntrico para degustar los frutos del Espíritu: «Amor, alegría, paz, generosidad, benignidad, bondad, fe, mansedumbre, continencia» (Gál 5,22-23).

La impaciencia como dificultad para soportar a los demás

Si la paciencia es tan difícil, es porque nos cuesta mucho «descentrarnos» de nosotros mismos. Muchas veces, lo que nos molesta y nos perturba es que los demás no tengan las mismas prioridades que nosotros. No van al mismo ritmo: yo soy muy rápido y estoy rodeado de lentos, o al revés. Los demás no tienen la misma sensación de urgencia: cuando quiero ir deprisa, ellos van despacio. ¡Es insoportable!

La vida familiar nos confronta especialmente a esa diferencia de ritmos. También la vida comunitaria, ya sea en una comunidad religiosa o en una parroquial. En el momento que hay convivencia, la paciencia se pone a prueba. Los detalles se convierten fácilmente en sujetos de impaciencia.

Durante su vida en el Carmelo, santa Teresa del Niño Jesús admitía lo siguiente respecto a su trabajo en el taller de pintura:

> En el taller de pintura nada es mío, lo sé, pero si al ponerme a trabajar encuentro los pinceles y la pintura en desorden, si ha desaparecido una regla o un cortaplumas, estoy muy cerca de perder la paciencia y debo armarme de todo mi coraje para no reclamar con amargura los objetos que me faltan[10].

Se trata de pequeñas molestias, pero con el tiempo, esas molestias pueden adquirir dimensiones desproporcionadas. Los demás no tienen la misma concepción del orden, las mismas prioridades, las mismas costumbres ni los mismos ritmos que yo. Es muy común tener esa sensación cuando se reside en una zona turística, como es mi caso. Vivo en los Alpes, y mi casa está rodeada de preciosas montañas que los turistas recorren a 30 kilómetros por hora. ¡Pero yo no estoy de vacaciones! Así que pierdo la paciencia y espero hasta que logro salir de la carretera turística y retomar mi ritmo habitual de conducción. Y maldigo a esos turistas que no entien-

---

[10] TERESA DEL NIÑO JESÚS, *Historia de un alma,* San Pablo, Madrid 2018², Manuscrito C, fol. 16vº, 309.

den que, a diferencia de ellos, yo no tengo todo el tiempo del mundo. Me gustaría avanzar al ritmo que yo quiera, no al que los otros me impongan.

También me molestan los defectos de los demás. Porque la impaciencia atañe también a los defectos que nos cuesta soportar, sobre todo de las personas más cercanas. Defectos que nos resultan tan evidentes y que se corrigen con tanta lentitud... Un compañero de trabajo maleducado, un padre al que le gusta darnos lecciones, un adolescente insoportable, una vecina cotilla, un amigo al que solo le interesan las cosas superficiales... Son muchas las personas que nos hacen perder la paciencia.

No todos tenemos el mismo nivel de tolerancia, pero sin duda todos perdemos la paciencia en algún momento: con un cónyuge que no entiende lo evidente, con un niño que no deja de repetir el mismo error, con un jefe que no ve lo genial que soy... Probablemente, también nosotros hacemos perder la paciencia a los demás, ¡pero saberlo no nos hace más pacientes!

Si solo aceptamos a los demás cuando van a nuestro ritmo y ven las cosas como nosotros, ¿no estaremos negándoles sencillamente el derecho a existir? En su exhortación apostólica *Amoris laetitia,* el papa Francisco señala que la paciencia «se afianza cuando reconozco que el otro también tiene derecho a vivir en esta tierra junto a mí, así como es. No importa si es un estorbo para mí, si altera mis planes, si me molesta con su modo de ser o con sus ideas, si no es todo lo que yo esperaba»[11]. El Papa nos invita a «aceptar al otro como parte de este mundo, también cuando actúa de un modo diferente a lo que yo desearía»[12]. La invitación del Papa es magnífica, pero nos cuesta tanto ponerla en práctica...

Santa Teresa del Niño Jesús comprendió muy bien este desafío. Para ella fue un gran descubrimiento, del que nos hizo partícipes en sus escritos: «Ahora comprendo que la caridad perfecta consiste en soportar los defectos de los otros, en no asombrarse por sus flaquezas, en edificarse con los más pequeños actos de virtud que se les vea practicar»[13]. La caridad perfecta sería la paciencia para soportar las imperfecciones del prójimo. En realidad, la impaciencia alberga un deseo muy poco realista: querer que los demás sean perfectos. O, más exactamente, pretender que respondan a la perfección a lo que esperamos de ellos.

Sin embargo, la impaciencia también puede indicar que no llegamos a aceptarnos a nosotros mismos tal y como somos, con nuestras imperfecciones. «Ten paciencia con todo, pero especialmente contigo mismo»[14], nos aconseja san Francisco de Sales. No

---

[11] Papa Francisco, *Amoris laetitia* 92.
[12] *Ib.*
[13] Teresa del Niño Jesús, *Historia de un alma, o.c.,* Manuscrito C, fol. 12rº, 302.
[14] Francisco de Sales, «Carta a la señora de la Fléchère», n. CDLV, en *Œuvres complètes* 14, 21.

es fácil aceptar nuestras propias flaquezas, de las que nos gustaría librarnos en un abrir y cerrar de ojos. «Hay que sufrir con paciencia la tardanza de nuestra perfección»[15], decía también el santo obispo de Ginebra. Aceptar las limitaciones constituye un primer paso en el camino hacia la paciencia. El sabio es el que aprende a soportar las contrariedades que le causan los demás, y también las que tiene consigo mismo.

En conclusión, la paciencia se desarrolla mediante la humildad ante la vida y la indulgencia hacia uno mismo. También se alimenta de la capacidad de ver las cosas a largo plazo. De lo contrario, nos impacientamos porque los demás no comprenden de manera inmediata lo que nos parece evidente. O nos impacientamos con nosotros mismos porque no cambiamos con la suficiente rapidez. O nos impacientamos con la vida por no cumplir sus promesas en el presente. Y cuando la existencia se nos hace insoportable, nos impacientamos aún más porque no podemos cambiarla. Todo esto puede conducirnos al cansancio...

Aprender a identificar el cansancio

Nos hallamos ante la sexta causa de la impaciencia: esta puede ser un simple síntoma de cansancio. La

---

[15] Id, «Entretiens spirituels» X, en *Œuvres complètes* 6, 164.

imposibilidad de tener paciencia, que se manifiesta principalmente en una irritación ante la menor contrariedad, nos recuerda un hecho evidente: puesto que somos criaturas limitadas, necesitamos descansar. Y cuando no descansamos, los comportamientos impacientes se multiplican. Es pura psicología.

Este tipo de impaciencia no debe hacernos sentir culpables: es más una señal de alarma que un pecado. Es más una experiencia de nuestras propias limitaciones que de complicidad con el mal.

Por eso resulta esencial saber distinguir una limitación de un pecado. Si llamamos «pecado» a aquello que pertenece al orden de la limitación, estamos negando la condición humana, pues toda criatura es, en esencia, limitada. Las limitaciones no se confiesan, se reconocen, se aceptan. Es cierto que pueden hacer que nos comportemos mal, pero en sí mismas no son moralmente culpables.

Por ejemplo, a pesar de todos mis esfuerzos y mi voluntad, no consigo escuchar a un interlocutor cuando estoy completamente agotado. No se trata de un rechazo a interesarme por los demás, es una limitación psicológica. De la misma manera, una madre de familia cansada tras una jornada agotadora, que por la noche no está en condiciones de mostrarse amable al cien por cien con su marido o con sus hijos, ha sucumbido a sus propias limitaciones, no a un pecado. ¡Lo que necesita es descansar, no confesarse!

Por eso es muy importante identificar el cansancio. De lo contrario corremos el riesgo de sucumbir a un sentimiento de culpa tan ilegítimo como inútil.

Para luchar contra los problemas relacionados con las limitaciones, podemos intentar cambiar ciertos detalles de nuestra vida: revisar la gestión de nuestro tiempo, buscar ayuda, etc. Mientras que para luchar contra el pecado, debemos convertirnos en profundidad por obra de la gracia divina. Ambas son realidades distintas.

Sin embargo, las cosas no son tan sencillas, ya que nuestras limitaciones también pueden hacernos sucumbir al pecado. Por ejemplo, cuando queremos hacer demasiadas cosas por orgullo y no para servir a los demás, estamos cayendo en el pecado. Ya no se trata simplemente de una limitación. El cansancio puede llevarnos también a una situación de falta de control sobre nosotros mismos, dando rienda suelta a una irritabilidad que dice mucho de lo que habita en nuestro interior. San Pablo la llama «coraje». Santiago señala que «el hombre airado no practica la justicia de Dios» (Sant 1,20).

Esa irritación puede manifestarse como una cólera explosiva o una cólera reprimida. En cualquier caso, siempre desencadena la ira, como indica el libro de los Proverbios: «Una respuesta amable calma la ira, pero una palabra áspera excita el furor» (Prov 15,1). Por eso el sabio pronuncia este refrán: «Comenzar un pleito es abrir un dique» (Prov 17,14).

Cuando el impaciente se deja llevar por la ira, se enfada por todo. Ya no soporta ni a los demás, ni los ritmos temporales, ni la vida tal y como es.

Cuando nos impacientamos porque la vida nos resulta insoportable

La última causa de la impaciencia es aún más comprensible: que el presente nos resulte insoportable. La impaciencia es una reacción perfectamente comprensible cuando esperamos los resultados de unas pruebas médicas que tardan en llegar. También es una reacción legítima cuando nuestra empresa anuncia un recorte de personal y tememos que nos despidan.

En estos casos, la impaciencia nace del deseo de acabar con un sufrimiento que se prolonga. Nos sentimos completamente atrapados por el dolor, en un cuerpo que nos hace sufrir, o en una situación dramática que nos hace daño.

En comparación, la espera impaciente en la caja del supermercado nos parece una tontería. Algunas dificultades tienen la virtud de hacernos reflexionar sobre nuestros comportamientos cotidianos, porque hemos adquirido una nueva forma de sabiduría sobre la vida.

En la vida humana se dan muchas situaciones dolorosas: accidentes, agresiones, duelos, divorcios, depresiones, paro, adicciones... Hay numerosas situaciones que suscitan una dolorosa impaciencia por salir de ellas.

La experiencia de la enfermedad es sin duda la más significativa de esta dificultad para ser paciente en las dificultades. Parece que hasta el idioma se burla de los enfermos cuando los llama «pacientes». Las largas horas de espera en las urgencias de un hospital, o el valor para soportar una enfermedad podrían justificar muy bien este término. Sin embargo, el origen de la palabra «paciente» es otro: «paciente» procede de un verbo latino que significa «aquel que soporta».

Lo cierto es que la enfermedad –o cualquier otra forma de sufrimiento insoportable– suele generar impaciencia, tanto por parte del enfermo como de su entorno. ¡Es algo tan normal y tan sano querer acabar con el sufrimiento!

Por eso nos impacientamos con ese cuerpo que parece negarse a la curación. Nos impacientamos con nuestras limitaciones físicas, tan evidentes en un contexto de enfermedad o agotamiento. Nos impacientamos al ver que los demás siguen con su vida, rebosantes de salud. Incluso sospechamos que se burlan de nosotros desde su posición de superioridad. Nos impacientamos también por la ineficacia inmediata de los tratamientos. Hasta nos impacientamos por no tener paciencia cuando, inmóviles en la cama, al fin disponemos de tiempo libre.

Os invito a leer la experiencia conmovedora del padre Pierre Amar. Este sacerdote dinámico y brillante se encontró, de un día para otro, en la cama de un hospital. A lo largo de su prolongada convalecencia, aprendió lo siguiente: «La cabeza propone, pero el cuerpo dice "no" muy pronto, demasiado pronto»[16]. Este sacerdote hiperactivo descubrió que tener tiempo no es suficiente para consagrarlo, por ejemplo, a la oración: la mayoría de las veces no tenía fuerzas para rezar.

En cuanto a los sanos, también podemos perder la paciencia con un familiar enfermo o con un anciano: nos impacientamos por su lentitud, por sus comentarios desagradables... Hay tantas impaciencias que añaden un toque de culpabilidad a la sensación de impotencia ante el cónyuge, el padre o el amigo enfermo...

En todas estas situaciones, la impaciencia se convierte en un auténtico veneno, que engendra al menos otras dos terribles dolencias: la desesperación y el repliegue en uno mismo.

Nos sentimos incapaces de rezar, incapaces de ser amables con los demás, incapaces de apreciar la vida. Nos gustaría pasar a otra cosa o volver atrás lo antes posible. Nos impacientamos por curarnos y poder pasar página. Pero las cosas no van al ritmo que queremos: la curación tarda en llegar, o tal vez no llegará nunca.

---

[16] P. AMAR, *Fuera de servicio*, Rialp, Madrid 2021.

El dolor también puede estar causado por una desgracia, o por un duelo que se prolonga y nos oprime el corazón. En ese caso nos preguntamos cuánto tardaremos en «pasar el duelo», como suele decirse. Y nos sentimos culpables por no conseguir pasar el duelo como todo el mundo, sin darnos cuenta de que, en realidad, nadie consigue hacer las cosas «como todo el mundo».

La impaciencia en medio del dolor se convierte entonces en un grito: «Dios mío, ¿pero qué te he hecho?». Este grito no es solo el título de una comedia de éxito[17], sino la pregunta que puede habitar en el creyente que sufre. En ese caso, la impaciencia se vuelve acusadora: Dios me debe una explicación por ese mal que me está arrebatando la vida. O ese Dios que no ha sabido impedir la muerte de un ser querido, al menos que me libre de este dolor que me ha hecho perder el gusto por la vida.

Esa impaciencia acusadora sugiere una forma de complicidad de Dios con el mal. Pero no debemos olvidar una cosa: Dios es santo, es decir, está completamente libre del mal. El profeta Habacuc confiesa: «Tus ojos son demasiado puros para mirar el mal» (Hab 1,13). La impaciencia puede hacernos olvidar que Dios no es en absoluto cómplice del mal. Jamás. La impaciencia convierte a Dios en el destinatario

---

[17] *Dios mío, ¿pero qué te hemos hecho?* es una comedia francesa de 2014 que tuvo un considerable éxito en varios países, entre ellos España (N. de la T.).

de todos nuestros reproches, porque no soportamos sufrir tanto. Necesitamos un responsable, alguien a quien echarle la culpa. Y Dios, al que confesamos «Todopoderoso», es el culpable ideal.

Pero ese culpable se revela como un Salvador.

Salvador de todo y, por tanto, Salvador también de nuestras impaciencias.

Ese es el magnífico salto a la fe que nos espera en el siguiente capítulo.

Capítulo 2

Cuando la paciencia de Dios desciende sobre nosotros

Deseo de una vida intensa, huida del aburrimiento, intento de controlar el tiempo, egocentrismo, dificultad para soportar a los demás, cansancio o sufrimientos insoportables: estas grandes razones de la impaciencia pueden conducirnos a la resignación. Somos impacientes y corremos el riesgo de serlo toda la vida.

Pero tengo una buena noticia que daros, excelente y decisiva, aunque el ser humano sea impaciente, la Biblia nos habla de un Ser capaz de una paciencia infinita: Dios. «Donde está Dios, allí se halla su discípula, la paciencia»[1].

La paciencia como discípula de Dios la encontramos ya en la obra de la Creación. Después se revela a lo largo de la historia de la salvación, para cumplirse plenamente en la persona de Jesucristo. Un breve recorrido por la Biblia nos servirá para analizar esta sublime paciencia divina.

---

[1] Tertuliano, *De patientia* XV.

La paciencia del Creador

Desde el principio del actor creador, Dios no parece tener prisa. En el Génesis, el Señor crea todo lo que existe sin impaciencia. El primer relato de la Creación (Gén 1,1-31) se prolonga simbólicamente a lo largo de varios días. Dios habría podido crearlo todo en un abrir y cerrar de ojos, con una sola Palabra. Pero no es de manera instantánea como Dios crea la luz, el cielo y la tierra, las plantas y los animales, el hombre y la mujer, sino que Dios prolonga su acto creador en el tiempo. Curiosamente, los descubrimientos arqueológicos y geológicos parecen confirmar lo que el relato de la Creación reveló con su lenguaje y su género literario específicos: para hacer el bien, Dios se toma su tiempo.

La paciencia del gesto creador debería invitar a toda la creación a adoptar ese mismo ritmo. Por eso, respondemos a nuestra vocación de criaturas creadas a imagen y semejanza de Dios –«Hagamos al hombre a nuestra imagen y semejanza» (Gén 1,26)–, cuando nos mostramos pacientes como el Señor y aceptamos los ritmos naturales. De esa manera adoptamos la mirada divina sobre la creación.

Siendo pacientes, cumplimos de la manera más perfecta nuestra vocación humana. Una vocación que el Señor no ha concedido ni a los animales ni a las plantas: solo a los seres humanos. Se trata de la capacidad para compartir su misma concepción del tiempo. Es lo que señala el sabio Qohélet, llamado también Eclesiastés, cuando dice: «Él lo hizo todo bien y a su tiempo; pero les puso el deseo del infinito, sin que el hombre pueda llegar a descubrir las obras que Dios hace desde el principio hasta el fin» (Qo 3,11).

Se trata de una gracia reservada a los seres humanos. Para establecer una alianza con nosotros, Dios hizo nuestro espíritu capaz de percibir el tiempo y de darle sentido. Así, al contrario que el resto de las criaturas, podemos reflexionar sobre el pasado, planear el futuro e incluso entrever la realidad de la eternidad.

Por tanto, en esa percepción del tiempo deberíamos hallar la clave de la paciencia. Sin embargo el ser humano, al ser limitado, es incapaz de «llegar a descubrir las obras que Dios hace desde el principio hasta el fin», como señala Qohélet. El hombre permanece en la indecisión, libre de elegir entre la paciente confianza en su Creador o la tensión de querer controlarlo todo.

La paciencia misericordiosa del Dios de la alianza

Normalmente, las criaturas que somos preferimos decidir por nosotros mismos el ritmo de nuestra vida. Los animales saben obedecer a su Creador aceptando los tiempos de espera necesarios –como demuestra muy bien la marmota en el periodo invernal–, pero los seres humanos pretendemos decidir nuestro ritmo e imponérselo a los demás.

Por más que la naturaleza tenga la evidente paciencia de madurar sus frutos en las estaciones convenientes, el consumidor pretende comer fresas y melones en diciembre. Los recursos naturales invitan a una paciente austeridad, pero el consumo frenético agota los recursos sin prestar atención a los ritmos temporales.

El comportamiento de la humanidad a lo largo de la historia ha demostrado y sigue demostrando lo poco dispuestos que están los seres humanos a corregirse. Ante tanta arrogancia y tantas desgracias, el Señor habría podido renunciar a socorrer a la humanidad. «Escuchad, pues, casa de David: ¿os parece poco cansar a los hombres, para que queráis también cansar a mi Dios?» (Is 7,13), dice Isaías, enfadado con el pueblo. El Señor no está obligado a tener paciencia con sus criaturas, pues nada limita al Soberano de todo lo que existe. Con un solo pensamiento, Dios habría podido exterminar a la humanidad. De hecho, en un momento hizo creer a Abrahán que su ira había llegado al límite. Sin embargo, el Señor conservó la paciencia, revelándose a Moisés como un Dios «clemente y misericordioso, tardo para la ira y lleno de lealtad y fidelidad» (Éx 34,6). La paciencia de Dios se expresa así: es «tardo para la ira».

Pero «tardo para la ira» no significa «sin ira». Es evidente que Dios se enfada con los yihadistas que pretender matar en su nombre, o con los sacerdotes que abusan de los niños. Como señala el papa Francisco, «en la justificada rabia de la gente, la Iglesia ve el reflejo de la ira de Dios, traicionado y abofeteado por estos consagrados deshonestos»[2].

Aun así, la ira de Dios –sana rebelión contra aquello que hace daño– siempre es constructiva. Nunca pretende el exterminio: «Por mi vida, dice el Señor Dios, que no me complazco en la muerte del malvado, sino en que se convierta de su conducta y viva» (Ez 33,11). La dificultad para nosotros, seres humanos, es concebir una ira absolutamente desprovista del deseo de venganza. En nuestro caso, la ira raramente se ve libre del deseo de tomarla con alguien o desahogarse con él.

Pero Dios no es como nosotros. En ese sentido, la revelación que hizo al profeta Oseas resulta conmovedora. En ella, el Señor se pregunta:

¿Cómo voy a abandonarte, Efraín; cómo voy a traicionarte, Israel? ¿Es que voy a tratarte como a Admá, y dejarte igual que a Seboín? Mi corazón se revuelve dentro de mí, y todas mis entrañas se estremecen. No actuaré según el ardor de mi ira, no destruiré más a

---

[2] Papa Francisco, *Discurso al final de la concelebración eucarística durante el encuentro «La protección de los menores en la Iglesia»* (24 de febrero de 2019).

Efraín, porque yo soy Dios, no un hombre; en medio de ti yo soy el Santo, y no me gusta destruir (Os 11,8-9).

La ira divina es sustituida por su amor por nosotros.

Algunos pasajes bíblicos nos resultan duros, pero solo pretenden revelar a un Dios que se niega a que nos destruyamos y a que hagamos daño a los demás. El Señor formula un diagnóstico que a veces nos resulta difícil de entender, pero que es necesario, al igual que el enfermo necesita que le digan la verdad para emprender el camino de la curación. A veces, el Señor se enfada para hacernos reaccionar.

Sin embargo, se dice que Dios es «tardo» para la ira. Es decir, que la ira divina es lenta. Su ira no es proporcional a las infidelidades del pueblo. Y aun así, toda la historia de la travesía en el desierto revela a un pueblo «de cabeza dura» (Éx 33,5), que murmura constantemente contra su Dios: porque hace calor, porque no tiene agua, porque el maná es siempre igual, porque las codornices tienen siempre el mismo sabor... El pueblo liberado de su esclavitud en Egipto se pasa la mayor parte del tiempo murmurando, protestando, quejándose «al Señor de sus desgracias» (cf Núm 11,1; 14,27, etc.). No sabe tener paciencia para llegar a la Tierra Prometida.

Y lo que es más grave: la impaciencia lleva al pueblo a la idolatría. Cuando Moisés sube al monte a buscar las tablas de la Ley, en vez de esperar pacientemente su regreso, el pueblo se hace construir un dios de metal fundido. Su impaciencia le aleja de las promesas divinas.

Pero, una vez más, el Señor se muestra «tardo para la ira y lleno de lealtad y fidelidad». No le queda más remedio que tener paciencia, porque es Dios. El salmista se asombra de esa actitud cuando dice de los judíos:

Su corazón no estaba firmemente con Él y no eran leales a su alianza. Él, el misericordioso, en vez de destruirlos, perdonaba sus faltas; muchas veces su cólera contuvo y no dejó correr todo su enojo (Sal 77[78],37-38).

También al autor del libro de la Sabiduría le conmueve la paciencia divina:

Por eso corriges poco a poco a los que pecan y los amonestas recordándoles su pecado para que se aparten de la maldad y crean en ti, Señor (Sab 12,2).

En el siglo III, el obispo Cipriano de Cartago nos ofreció una espléndida meditación sobre la paciencia de Dios:

La venganza está en su mano, pero Él prefiere la paciencia. Dios sufre y espera a que la maldad humana, cansada de sí misma, recupere sus mejores sentimientos[3].

San Cipriano enumera varias características de la paciencia: fomenta la moderación, nos aleja de la venganza y nos ayuda a no rendirnos a pesar de las dificultades.

Investidos del espíritu de Dios, numerosos personajes de la Biblia se nos presentan como ejemplos de paciencia. San Pablo, por ejemplo, se maravilla de la paciencia y la fe de Abrahán en su Carta a los romanos: «Ante la promesa de Dios no dudó ni desconfió [...], bien convencido de que Él es poderoso para cumplir lo que ha prometido» (Rom 4,20a.21). Santiago, por su parte, rinde homenaje a la paciencia de Job: «Habéis oído la paciencia de Job y habéis visto el designio del Señor, porque el Señor es compasivo y misericordioso» (Sant 5,11).

No obstante, la actitud de los grandes pacientes de la Biblia no siempre es ejemplar. La paciencia de Abrahán, por ejemplo, no fue intachable. El patriarca tenía setenta y cinco años cuando Dios le hizo esta promesa: «Yo haré de ti un gran pueblo; te bendeciré y engrandeceré tu nombre» (Gén 12,2). Animado por esta magnífica promesa, Abrahán «partió, como le había dicho el Señor» (Gén 12,3). Pero la promesa de Dios tarda en cumplirse: dos ca-

---

[3] Cipriano de Cartago, «De bono patientiae», PL 4, 645-662, en *Sources chrétiennes*, 291.

pítulos más tarde han pasado diez años y los deseos de Abrahán no se han visto satisfechos. El patriarca le reprocha entonces a Dios: «No me has dado descendencia» (Gén 15,3). Impacientes por ver cumplir la promesa, Abrahán y Sara se apropian de ella, en vez de esperar su cumplimiento divino: el patriarca se une a su esclava Agar, la cual concibe a Ismael.

Sin embargo, ese no era el plan del Señor. Hay que esperar aún dos capítulos y quince años más para que Dios renueve su promesa: «Yo la bendeciré [a Sara] y te haré tener de ella un hijo» (Gén 17,6). Pero Abrahán ya no le cree: «Abrahán [...] se puso a reír diciéndose a sí mismo: "¿A un hombre de cien años le podrá nacer un hijo, y Sara a los noventa años podrá ser madre?"» (Gén 17,17). Sin embargo, de su unión con Sara nace Isaac, veinticinco años después del anuncio de la promesa. Todo ese tiempo ha servido para confirmar la fidelidad de Abrahán, poner a prueba su confianza, constatar sus resistencias y revelar la infinita paciencia de Dios ante las impaciencias del padre de los creyentes.

Otro ejemplo muy interesante es la historia de Jacob. Rebeca, la mujer de Isaac, había recibido la siguiente promesa: «Dos naciones hay en tu seno, dos pueblos se separarán desde tus entrañas; uno será más fuerte que el otro, y el mayor servirá al menor» (Gén 25,23). Rebeca dará a luz gemelos. Según la promesa divina, el mayor, Esaú, debe servir al menor, Jacob. Pero este último no tiene la paciencia de esperar al cumplimiento de la promesa: compra a su hermano su primogenitura, y luego se disfraza para engañar a su padre y recibir así la bendición destinada al mayor. La impaciencia le lleva a alterar el ritmo de su vida, como hace Abrahán antes que él.

Sin embargo, en el camino que debía conducirle a luchar contra su hermano, alguien sale al encuentro del patriarca Jacob: en plena noche, un extraño combate, que es también un abrazo, le enfrenta y a la vez le une a un hombre misterioso. Jacob le pregunta: «Por favor, ¿cómo te llamas?». El hombre responde: «"¿Por qué quieres saber cómo me llamo?". Y allí mismo le bendijo» (Gén 32,30). De esa noche de combate, el patriarca sale herido: «Iba cojeando del muslo» (Gén 32,32). Ya no podrá andar tan deprisa como antes.

Hasta entonces, su vida trascurría como él había planeado, al ritmo de su impaciencia. A partir de ahora está cojo. Debe andar al ritmo impuesto por su encuentro con el Señor. Será un ritmo más lento. Jacob será capaz de tener paciencia, de aceptar los tiempos de espera y, sobre todo, de entrar en la paciencia de Dios.

Todo el Antiguo Testamento es un canto a la paciencia divina, hasta el punto de que san Pablo llama al tiempo anterior a la Encarnación «el tiempo de la paciencia de Dios», mientras que a la venida de Jesucristo la llama el tiempo «presente»:

Para mostrar su justicia, habiendo pasado por alto los pecados cometidos anteriormente, en el tiempo de la paciencia de Dios; en orden a mostrar su justicia en el tiempo presente, para ser él justo y justificador del que cree en Jesús (Rom 3,25-26a)[4].

El alfa y el omega de la paciencia

Después del «tiempo de la paciencia» llega el «tiempo presente»: el de la venida del Salvador entre nosotros. El Hijo único de Dios se hace carne para salvarnos. Él es «el alfa y el omega, el principio y el fin» (Ap 22,13). Por eso, para un cristiano es imposible pensar su relación con el tiempo –y por lo tanto con la paciencia– fuera de la persona de Jesucristo. Los dos grandes misterios de la Encarnación y la Redención son las claves indispensables para entrar en la dinámica de una santa paciencia.

Empecemos por el misterio de la Navidad, la Encarnación. En el prólogo de san Juan, este misterio se presenta de la siguiente manera:

En el principio existía aquel que es la Palabra, y aquel que es la Palabra estaba con Dios y era Dios. Él estaba en el principio con Dios [...]. Y aquel que es la Palabra se hizo carne, y habitó entre nosotros, y nosotros vimos su gloria (Jn 1,1-2.14).

---

[4] Se ha utilizado en este caso la versión de la Biblia de Jerusalén, por ajustarse más al sentido que le da el autor en el texto (N. de la T.).

El evangelista se hace eco de las primeras palabras de la Biblia: «Al principio Dios creó el cielo y la tierra» (Gén 1,1).

Pero este principio ya no es el mismo. Cuando la Palabra eterna se hace carne, surge para nosotros un nuevo principio: nuestra mirada ya no se centra en la búsqueda de un principio cronológico de la historia humana, sino en la persona de la Palabra eterna. A partir de ahora, la medida del tiempo es el Hijo eterno, que se hace hombre para salvarnos. Jesucristo entra así en el tiempo para santificarlo por medio de su presencia.

El Hijo de Dios no solo está fuera del tiempo en cuanto dueño de este, sino que también está en el centro del tiempo porque le da sentido. En consecuencia, hasta una simple espera en la cola del supermercado debería verse iluminada por Jesucristo, que da sentido a todo nuestro tiempo.

Eso significa que a partir de ahora ya no vivimos en una línea temporal en la que cada uno nace, crece y muere. La vida no es como una cinta de correr, que avanza inexorablemente para conducirnos del principio al fin, sino que ahora se encuentra englobada en la vida de la Palabra eterna, que entró en el mundo para curarlo, santificarlo y divinizarlo.

En concreto, la Encarnación viene a curarnos de dos grandes problemas de la vida que nos conducen a la impaciencia: el deseo de una vida intensa y el deseo de controlarlo todo. En Navidad, la Palabra hecha carne se acurruca en la paja de nuestra condición frágil, pues todo lo que no es más que «paja» se ve revestido de la densidad de ser del Hijo eterno de Dios.

En ese fluir temporal que nos desconcierta y nos conduce a comportamientos impacientes, tenemos ahora un punto de estabilidad: el Hijo eterno que ha entrado en el tiempo por nosotros. Así lo explica san Agustín:

> El río de las realidades temporales arrastra, pero nuestro Señor Jesucristo ha nacido como si fuera un árbol al borde del río [...]. En cierto modo quiso plantarse al borde del río de las realidades temporales. ¿Te sientes arrastrado hacia el abismo? Agárrate al árbol. ¿Te envuelve el amor del mundo? Agárrate a Cristo[5].

Pero el misterio de la Encarnación ofrece algo más que un sólido punto de apoyo para nuestras vidas fatigadas e impacientes. Ofrece penetrar en el misterio de una paciencia que se adapta a los ritmos del otro. En su libro de memorias, Françoise Lefèvre nos cuenta una experiencia conmovedora que vivió con su hijo. El pequeño Jean sufría un autismo severo, estaba aislado del mundo y se negaba a tocar a nadie. Nunca miraba a los ojos ni hablaba con las personas de su entorno. Durante sus primeros

---

[5] AGUSTÍN DE HIPONA, *Comentario a la primera Carta de san Juan*, II, 10.

años de vida, su madre no lograba comunicarse con él. No obstante, intentó habituarse a la situación y seguir con sus actividades profesionales. Al fin y al cabo su hijo no daba problemas, puesto que se pasaba las horas inmóvil y solitario. «Me quedaba allí sin hacer nada –comentaba Françoise–, como si estuviera presenciando un naufragio»[6].

Sin embargo, un día Françoise decidió intentar sacar a su hijo de su aislamiento. Por aquel entonces Jean tenía seis años. Françoise tuvo la intuición de que no era a su hijo a quien le correspondía abrirse al mundo, sino a ella entrar en el suyo. De modo que interrumpió su apasionante vida profesional para ir al colegio con su hijo e imitarlo pacientemente en todo lo que hacía: cuando Jean se quedaba inmóvil, ella también lo hacía, durante horas si era necesario. Cuando su hijo se paraba en una escalera, ella también se paraba. Eso es todo. Y siempre con paciencia.

Un día, después de meses acompañado de esa presencia humilde y paciente, el niño miró a su madre a los ojos por primera vez. Fue solo un instante, pero para ella fue el regalo más bonito que le habían hecho nunca. Varios meses de paciencia más tarde, Jean se lanzó a los brazos de su madre y pasó un buen rato abrazado a ella. Con mucha paciencia, Françoise consiguió sacarlo de su mundo triste y

[6] F. LEFÈVRE, *Surtout, ne me dessine pas un mouton,* Stock, París 1995, 14.

cerrado. Hoy, Jean es un chico como los demás. Estudia y lleva una vida normal.

¿No es este el misterio que celebramos en Navidad? La humanidad está hasta tal punto atrapada en su mutismo y su sordera que el Señor debe dejarlo todo para entrar en nuestro mundo y compartir pacientemente nuestra vida. ¡Qué testimonio más sublime de amor y paciencia!

La prueba suprema del poder de Dios no está en la impaciencia legítima de un superior respecto a sus subordinados. Como señala el filósofo Éric Fiat, «el estatus social y moral del que espera no es el mismo del que hace esperar: hacer esperar es el privilegio de los poderosos»[7]. En Jesucristo, sin embargo, el Dios todopoderoso no eligió comportarse como un superior, sino hacerse lo más cercano posible a nosotros. Jesús vino a tener paciencia con nosotros para ayudarnos a avanzar y a salir de nuestros mutismos.

Jesucristo nos enseña la paciencia del Padre

Lo que el Hijo eterno de Dios vivió en la Encarnación nos los enseñó después para que aprendamos a vivir con paciencia. Grano de trigo que cae en la tierra, grano de mostaza, vid que da fruto... por medio de parábolas agrícolas, Jesús no dejó de ense-

---

[7] É. Fiat, *Du temps qui passe... et ne passe pas: concordances et discordances des temps*, en Vie Sociale 2 (2013) 28.

ñarnos la paciencia divina y de invitarnos a adoptar comportamientos similares.

Lo mismo ocurre en la parábola de la cizaña. Cuando los criados se dan cuenta de que la cizaña es obra de su enemigo, le preguntan a su amo: «¿Quieres que vayamos a recogerla?». Pero él responde: «¡No!, no sea que, al recoger la cizaña, arranquéis con ella el trigo. Dejad crecer juntas las dos cosas hasta la siega; en el tiempo de la siega diré a los segadores: "Recoged primero la cizaña y atadla en haces para quemarla, pero el trigo recogedlo en mi granero"» (Mt 13,28-30).

Hay otra parábola que ilustra a la perfección esta paciencia misericordiosa. Se trata de la famosa parábola del hijo pródigo[8]. El padre deja partir a su hijo a un país lejano y espera pacientemente su regreso a la casa paterna. Cuando lo ve llegar, su paciencia se transforma en una conmovedora precipitación: «Fue corriendo, se echó al cuello de su hijo y lo cubrió de besos» (Lc 15,20).

En su toma de posesión de la cátedra romana en la basílica de San Juan de Letrán, el papa Francisco dedicó su homilía a esta magnífica parábola, que considera una expresión particular del «estilo de Dios»: «Dios siempre nos espera, no se cansa. Jesús nos muestra esta paciencia misericordiosa de Dios para que recobremos la confianza, la esperanza,

---

[8] Cf Lc 15,11-32.

siempre». Para Francisco, esta parábola es como «un diálogo entre nuestra debilidad y la paciencia de Dios»[9]. Para curarnos de nuestra impaciencia, debemos permitir que esta establezca un diálogo con la paciencia de Dios.

Porque el «modo de ser» de Dios es la paciencia. Jesús, el Hijo eterno que se hizo carne, no hace otra cosa que hablar de paciencia: él la vive, la encarna. Jesús cura a la humanidad de su impaciencia aguardando pacientemente en el vientre de María los nueves meses necesarios para su nacimiento. Se toma su tiempo para encontrarse con la samaritana, a pesar de que está cansado y tiene sed. Frente a la mujer adúltera, Zaqueo, Nicodemo o Pilato, Jesús manifiesta también esa magnífica paciencia divina. Incluso al ayunar durante cuarenta días antes de elegir a sus discípulos y partir a su misión, Jesús muestra la paciencia del cuerpo y el espíritu para una nueva fecundidad.

Ante sus discípulos, tan exasperantes cuando se comparan unos con otros[10], Jesús manifiesta una paciencia llena de amor. De esa paciencia, san Juan Bosco extraerá todo el sentido de su magnífica pedagogía con los jóvenes:

Cuántas veces durante mi vida, ya bastante prolongada, he tenido ocasión de convencerme de esta

---

[9] PAPA FRANCISCO, *Homilía en la toma de posesión de la cátedra del obispo de Roma* (7 de abril de 2013).
[10] Cf Lc 9,46.

gran verdad: es más fácil enfadarse que aguantar, amenazar al niño que persuadirlo [...]. Este era el modo de obrar de Jesús con los apóstoles, ya que era paciente con ellos, a pesar de su ignorancia y su rudeza, e incluso su falta de fe [...]. Por eso nos dijo que aprendiéramos de él a ser mansos y humildes de corazón[11].

El Salvador nos invita a imitarlo: su manera de actuar suscita nuestro deseo. Al encarnarse, el Hijo eterno nos muestra que la paciencia es el comportamiento humano más fecundo, porque nos hace parecernos a él de la manera más perfecta.

Con su paciencia, Jesucristo sanó a la humanidad impaciente. Por eso, cuando san Pablo dice que «el amor es paciente, es servicial; el amor no tiene envidia [...]. Todo lo excusa, todo lo cree, todo lo espera, todo lo tolera» (1Cor 13,4a.7), está hablando ante todo de Jesús.

Se podría decir incluso que Jesús es, en persona, la paciencia que nos salva. En la parábola de la higuera, el propietario (imagen del Padre) se queja de que esta no da fruto: «Hace ya tres años que vengo a buscar higos en ella y no los encuentro. Córtala. ¿Por qué va a ocupar un terreno inútilmente?» (Lc 13,7). Pero el viñador (imagen de Cristo) responde:

---

[11] JUAN BOSCO, «Cartas a sus hermanos», en *Epistolario*, Società Editrice Internazionale, Turín 1959, 201-203. Este texto suele encontrarse en el oficio de lecturas de la liturgia de las horas el día 31 de enero, fiesta de san Juan Bosco.

«Déjala también este año; yo cavaré alrededor y le echaré estiércol, a ver si da higos» (Lc 13,8).

Por eso, nuestra paciencia la aprendemos de Jesucristo, al que adoramos en el Santo Sacramento, escuchamos en su Palabra y servimos en los más pequeños.

No obstante, Jesús también nos curó de nuestra impaciencia viviendo ciertos momentos de impaciencia. Por eso debemos prestar atención para identificar la impaciencia positiva que puede habitarnos de forma legítima. No hay muchos pasajes evangélicos que nos presenten a un Jesús impaciente, pero los que hay son muy significativos. Se trata de una impaciencia positiva, como cuando Jesús confiesa: «He venido a traer fuego a la tierra, ¡y cuánto deseo ya que arda!» (Lc 12,49). La impaciencia es buena cuando se orienta al bien de los demás. En ese caso acelera la obra de la gracia: «El Señor espera la hora de otorgaros su gracia», proclamaba ya el profeta Isaías (Is 30,18) anunciando al Mesías.

Jesús también da muestras de impaciencia cuando se enfurece: «¡Gente incrédula! ¿Hasta cuándo tendré que estar con vosotros? ¿Hasta cuándo tendré que soportaros?» (Mc 9,19). Sin embargo, su enfado está completamente desprovisto de egoísmo. Su ira es una ira que procede del bien. En consecuencia, la impaciencia es legítima cuando está completamente libre de interés personal y de todo deseo de venganza. La Biblia evoca en varias ocasiones la cólera de

Dios, pero esa cólera nunca es fruto del mal humor. Es una cólera divina contra la injusticia, contra lo inaceptable; Dios se irrita cuando destruimos lo que ha creado.

Por eso, escuchar la revelación bíblica de un Dios enfadado es algo bueno, porque nos muestra que el Señor no es indiferente a la suerte de los seres humanos. Dios se enfada cuando hacemos daño a los demás, a la creación y a nosotros mismos.

Su cólera no es nunca una muestra de rabia, como si Dios no pudiera contenerse, sino que es una llamada a la conversión, para que abandonemos aquello que le ofende o que nos perjudica. La cólera de Jesucristo frente al endurecimiento de los corazones o frente a los mercaderes del templo es una expresión de su corazón apasionado de amor por nosotros, completamente desprovisto de rabia egocéntrica.

Para nosotros sería imposible vivir una impaciencia desprovista de egoísmo si no hubiera sucedido un acontecimiento que nos hizo salir de nosotros mismos para liberarnos: la pasión de Cristo. El monte Gólgota debería haberse llamado el «monte de la Paciencia». De hecho, «paciencia» y «pasión» proceden de un verbo griego que significa «padecer», «sufrir». La cruz es pesada y hace daño, por eso Jesús la lleva con paciencia, dolorosamente, para sacarnos de ese callejón sin salida que nos tiene replegados en nosotros mismos.

Su paciencia en la Pasión no es una renuncia, sino la expresión sublime de su libertad, en su madurez de Hijo de Dios que desea cumplir la voluntad del Padre. Por eso, la Carta a los hebreos nos anima a pensar «continuamente en aquel que soportó tan grande contradicción de parte de los pecadores, para que no desfallezcáis perdiendo el ánimo» (Heb 12,3).

Como señala san Pedro, la Pasión de Cristo es un testimonio de su infinita paciencia: «Siendo ultrajado, no respondía con ultrajes; siendo maltratado, no amenazaba, sino que se ponía en manos del que juzga con justicia» (1Pe 2,23). En su Pasión, Jesús manifiesta en su máxima expresión no solo su amor desinteresado, sino también la fuerza con la que conserva la paciencia para salvarnos. Cubierto de escupitajos y humillado por el tumulto, Jesús manifiesta su fuerza de resistencia contra la tentación de reaccionar. La Pasión de Cristo nos ayuda a comprender que la paciencia no es una forma de renuncia, sino una verdadera fuerza interior. La paciencia responde a la negativa a devolver mal por mal, pues es la repuesta al mal por el bien, un bien dinámico y valiente, fuerte y decidido.

A grandes impacientes, grandes remedios: contemplar a Cristo en su Pasión. Tomarse un tiempo para rezar un Viacrucis, por ejemplo. O, en un momento de impaciencia, pensar en una de las estaciones de esa paciente ofrenda que Jesús hizo de sí mismo: la agonía en el Getsemaní, el juicio ante Pilato o las tres caídas. Así podremos decir como san Pedro: «Tened en cuenta que la paciencia de nuestro Señor es nuestra salvación» (2Pe 3,15a).

El Espíritu Santo, paciencia
que nos consuela en lo más íntimo

Jesús, la paciencia hecha carne, nos prometió el envío del Espíritu Santo: «Yo pediré al Padre que os mande otro defensor que esté siempre con vosotros» (Jn 14,16). En vez de «otro defensor», también podría haber dicho «otro Paciente». Por medio del Espíritu Santo, la paciencia divina viene a vivificar nuestro espíritu y a hacerlo paciente.

La llamada de san Pablo a practicar la paciencia (cf 1Tim 6,11) es ante todo una llamada a saber acoger el Espíritu Santo. Él es quien nos guía interiormente para acudir a la fuente de la paciencia divina: «Que el Señor dirija vuestros corazones hacia el amor de Dios y la paciencia de Cristo» (2Tes 3,5), así estaremos «dotados de una fortaleza a toda prueba por el poder de su gloria para así soportar todo con alegría y con paciencia» (Col 1,11).

Sin duda, san Pablo está hablando por propia experiencia, pues tuvo que sufrir numerosas dificultades en nombre de Jesús y obtener del Espíritu Santo la paciencia necesaria para soportar las ofensas, identificándose con los sufrimientos de Cristo. Lo mismo les ocurrió a Pedro y a Juan, que soportaron pacientemente su prisión y «salieron del tribunal muy contentos por haber sido dignos de ser ultrajados por tal nombre» (He 5,41).

Solo el Espíritu Santo puede concedernos una paciencia semejante en medio de las dificultades. Presente en lo más íntimo de nosotros mismos, el Espíritu Santo nos permite participar de la «paciencia de Cristo» (2Tes 3,5). Conforma nuestros corazones al corazón de Cristo, «afable y humilde» (Mt 11,29). Así, el discípulo adquiere el comportamiento paciente de Cristo: «Nos insultan, y bendecimos; nos persiguen, y aguantamos; nos calumnian, y respondemos con bondad» (1Cor 4,12b-13a).

Por eso, un excelente remedio para la impaciencia es dejar que el Espíritu Santo nos haga vivir la paciencia de Cristo, para que esta pueda visitar y vivificar todo en nosotros.

Así, todo lo que está en Jesucristo podrá habitar siempre en nosotros. Toda oración, sea cual sea, derrama en nosotros la paciencia divina para que esa paciencia sea nuestra: «Tened buen ánimo, servid al Señor; alegres en la esperanza, pacientes en los sufrimientos, constantes en la oración» (Rom 12,11-12). La paciencia es la virtud que permite al discípulo del Señor avanzar sean cuales sean las dificultades del camino, porque sabe que ese camino es Cristo. Sabe que ese camino conduce a la salvación eterna:

Los atletas se privan de muchas cosas, y lo hacen para conseguir una corona corruptible; en cambio, nosotros, por una incorruptible (1Cor 9,25).

Dejar que el Espíritu Santo nos colme de la paciencia de Cristo supone también aceptar los ritmos de Dios, que muchas veces no coinciden con los nuestros. ¡Y menos mal! Por eso, la segunda Carta de Pedro nos dice:

Queridos hermanos, no debéis olvidar una cosa: que un día es ante Dios como mil años, y mil años como un día. El Señor no retarda el cumplimiento de la promesa, como creen algunos que le acusan de tardanza, sino que usa de paciencia con vosotros, pues no quiere que nadie perezca, sino que todos alcancen el arrepentimiento (2Pe 3,8-9).

La paciencia divina es un reflejo de su infinita misericordia. Por eso, cuanto más se deje guiar el discípulo por el Espíritu Santo, más habitado estará por la paciencia de Cristo y más misericordia mostrará hacia los demás: «Sed misericordiosos, como vuestro Padre es misericordioso» (Lc 6,36).

La Virgen María, por su parte, es la Madre de la paciencia: siguiendo a su Hijo, unida a él, la Virgen se mostró paciente con los apóstoles, con una paciencia llena de misericordia. Aunque los discípulos abandonaron a su Hijo durante la Pasión, María permaneció a su lado en el Cenáculo. Ellos habían cerrado las puertas, pero la Virgen sabía que su Hijo había atravesado ya la piedra del sepulcro, de modo que a partir de entonces todo estaba abierto. Pero hacía falta que los apóstoles acogieran esa Buena Noticia. Así que la Virgen esperó pacientemente entre ellos para acompañarlos en la acogida del Espíritu Santo, que pronto les animó a anunciar la victoria de Cristo sobre el mal y la muerte.

Una espera llena de esperanza

Este recorrido bíblico por la paciencia divina constituye una invitación trinitaria, una invitación a acoger la fuerza de la paciencia misericordiosa del Padre, de la Pasión de Cristo y de los frutos del Espíritu Santo en nuestra alma. Es la invitación que nos hace Santiago:

> Tened paciencia, hermanos, hasta la venida del Señor. Ved cómo el labrador espera el precioso fruto de la tierra, aguardando pacientemente hasta que caigan las lluvias tempranas y las tardías. Aguardad también vosotros pacientemente; fortaleced vuestros ánimos, porque la venida del Señor está próxima (Sant 5,7-8).

Como Jesús en numerosas parábolas, el apóstol Santiago nos exhorta a contemplar la naturaleza: sus ritmos benéficos, sus tiempos de maduración oculta, sus estaciones, siempre necesarias. Es inútil tirar de las espigas para que salgan antes, pues no conseguiremos nada e incluso pondremos en peligro la cosecha. Es más, eso supondría ir en contra del proyecto de Dios que, en su sabiduría, quiso consagrar un tiempo a la siembra, otro al crecimiento y otro a la cosecha. Esta realidad natural se corresponde también con la obra del Evangelio. Una oración del misal reza así: «Oh, Dios, que enviaste al mundo, como fermento, la fuerza del Evangelio»; como fermento, y no imponiéndose a todos de manera instantánea desde lo alto.

Para los cristianos, esa paciencia para dejar que el Evangelio transforme el mundo y para esperar el regreso de Jesucristo se convierte en el principio que debemos aplicar en todas las situaciones de la vida. Ese principio equivale a preferir la cosecha en el momento justo, en vez de adelantar las cosas con el riesgo de estropearlas. Aplicado a todas las relaciones humanas –e incluso a la espera en la cola del supermercado–, ese respeto a los tiempos de maduración nos vuelve más disponibles para aquello que ocurre en cada momento.

Porque lo característico de la espera impaciente es el desprecio del momento presente para centrarse en otro momento que queremos adelantar. Sin embargo, desde que Jesucristo resucitó, ascendió al cielo y, según san Pablo, resucitamos «con Cristo» (Col

3,1), comenzó una nueva etapa para la humanidad: nuestro tiempo entró en la eternidad. No solo la existencia no se detiene con la muerte, como un fin inexorable, sino que cada instante es portador de una nueva densidad, como si fuera una chispa de eternidad.

El padre Jean Mouroux, un gran teólogo de su tiempo, hablaba de un «presente espiritual», un «presente de esperanza»: «No solo porque tiende a su cumplimiento supratemporal, sino porque se salva a cada instante de la amenaza de la muerte»[12]. Así es, cada instante se salva de la amenaza de la muerte. Ya no hay que pensar el tiempo siguiendo la lógica de la muerte. Ya no hay que vivir en la tensión de nuestras impaciencias, esas «pequeñas muertes» que nos impiden vivir de verdad. ¡No! A partir de ahora, y por obra de la gracia, ya no vivimos bajo la amenaza de una muerte eterna. Solo tenemos que permitir que esa gracia obre en nosotros para vivir para siempre.

En consecuencia, no debemos despreciar ningún momento del presente, aunque sea de espera. Para hablar en términos griegos, desde que hemos resucitado con Cristo, cada instante del *krónos* puede convertirse en un *kairós*. En nuestra lengua traducimos ambos términos griegos como «tiempo». Pero su distinción es importante: el *krónos* es el tiempo que se mide con el reloj; el *kairós*, por el contrario,

---

[12] J. Mouroux, *Le mystère du temps. Approche théologique*, Aubier, París 1962, 243.

es el momento de la ocasión oportuna, el «tiempo propicio», como dice san Pablo en la segunda Carta a los corintios (cf 2Cor 6,2). En la mitología griega, el dios *Kairós* luce una hermosa melena rizada. Cuando pasa hay que agarrarle de la melena, como hacen los bebés con los peluches que cuelgan encima de la cuna. No es el tiempo que mide el reloj, sino la oportunidad a la que debemos aferrarnos cuando se presenta.

Sin embargo, desde que Jesucristo se hizo hombre (haciendo entrar la eternidad en nuestro tiempo) y desde que venció a la muerte (haciendo entrar nuestro tiempo en la eternidad), todo momento del *krónos* es potencialmente un *kairós:* cada instante está habitado por el Espíritu Santo, cada momento está lleno de gracia. Cada segundo porta una carga de vida y de fecundidad en Cristo. Entonces, ¿por qué impacientarse queriendo vivir otra cosa que no sea el instante presente, con toda su promesa de cumplimiento y de sanación eterna?

Un pequeño ejercicio de paciencia positiva

Fortalecidos por esa fe que aporta una solidez excepcional a nuestra vida, podemos reflexionar sobre nuestros momentos de impaciencia: cuando surge un imprevisto que nos hace esperar, ¿cómo reaccionamos? Veamos algunos comportamientos posibles.

El primer comportamiento –y sin duda el más espontáneo y extendido– consiste en protestar: «¡Pero bueno! ¿Por quién se toma esta gente que me hace perder el tiempo?». La tensión de la espera, en consecuencia, se multiplica. Nos centramos en nosotros mismos, nos focalizamos en la pérdida estimada de tiempo. Nos quedamos estancados en una actitud egocéntrica, como hice yo en la caja del supermercado.

Más virtuosa en apariencia, otra reacción consiste en querer llenar ese tiempo «perdido». Sacamos el móvil del bolsillo y consultamos mensajes o aplicaciones. De esa manera el tiempo está «ocupado». No se trata de un mal en sí mismo, pero cuando queremos llenar el más mínimo espacio de tiempo consultando una pantalla, estamos acallando el tiempo más que viviéndolo.

La acogida en todo momento del *krónos* como un posible *kairós* nos invita a adoptar otro comportamiento: aprovechar ese momento de espera para acoger la novedad que nos ofrece ese acontecimiento imprevisto. Se trata de una disponibilidad para dejar que el Señor nos sorprenda; una aceptación amorosa de aquello que vamos a vivir en ese momento de espera, en principio desprovisto de sentido, hasta el punto de decir al Señor: «Gracias por inmiscuirte en mi tiempo para hacer surgir tu inesperada presencia santificadora». Así fue como María dijo «sí» a «los imprevistos de Dios», como proclama un cántico popular.

Por eso, para un cristiano ninguna espera es inútil. La espera es siempre un *kairós* al que debemos aferrarnos, un momento favorable proporcionado por Dios para abrirnos a sus dones. Es lo que vamos a ver en el próximo capítulo, donde analizaremos los principales remedios para la impaciencia.

CAPÍTULO 3

Remedios para la impaciencia

Mediante la Encarnación, el Señor eterno vino a habitar nuestro presente. Por medio de la cruz y la Resurrección, el presente se ha vuelto portador de eternidad. En esos sublimes misterios de la fe encontramos los remedios esenciales para nuestra impaciencia. Estos remedios constituyen un camino apasionante hacia el cielo. Los principales son: la desapropiación de uno mismo, la decisión de soportar al prójimo y la fe en la fecundidad de la espera.

La desapropiación gozosa de uno mismo y de su tiempo

Para desapropiarnos de nuestro tiempo, primero tenemos que estar dispuestos a desapropiarnos de nuestro ego. Ese es el verdadero sacrificio que nos une al sacrificio de Cristo. En la cruz, Jesús se ofreció a sí mismo para hacer triunfar el amor. Se entregó desinteresadamente y, de esa manera, nos entregó al Padre. Según Benedicto XVI, «el sacrificio de la cruz hace que nos convirtamos en "propiedad de Dios"»[1].

En la cruz, el Salvador hizo un cambio de propiedad, pues por medio de su ofrenda, a la que estamos unidos por el Bautismo, ya no nos pertenecemos a nosotros mismos: «Ya no vivo yo, pues es Cristo el que vive en mí» (Gál 2,20), reconoce san Pablo. Si ya no vivo yo, tampoco mi tiempo me pertenece. Es de Dios. Eso no quiere decir que existamos menos, ¡más bien al contrario! Cristo nos ha cedido a Aquel fuera del cual no podemos vivir.

Por eso san Pablo se atreverá a decir:

Hermanos, os ruego, por la misericordia de Dios, que ofrezcáis vuestros cuerpos como sacrificio vivo, consagrado, agradable a Dios; este es el culto que debéis ofrecer (Rom 12,1).

El Apóstol habría podido añadir: ¡y que ofrezcáis vuestro tiempo como sacrificio vivo! Que todo en vosotros sea un sacrificio vivo: renunciad al egoísmo, porque ya no os pertenecéis. Ya habéis recibido de sobra: «Todo es vuestro; vosotros, de Cristo, y Cristo, de Dios» (1Cor 3,22-23).

---

[1] BENEDICTO XVI, *Audiencia general* (20 de junio de 2012).

La paciencia es un verdadero acto de culto que ofrecemos a Dios: cada vez que se muestra paciente, el cristiano reconoce la realidad sublime que le habita: «¡Pertenezco a Cristo!». La paciencia se convierte así en alabanza; glorifica al Señor por sus maravillas.

Por eso, la paciencia es una virtud esencial para vivir real y gozosamente lo que pedimos en la oración del Padrenuestro: «Hágase tu voluntad». En vez de irritarnos con esa impaciencia que nos asfixia, que hiere a los demás y que bloquea la vida del espíritu, ¿por qué no vivir la paciencia como una danza espiritual con el Señor? Madeleine Delbrêl nos invita a esa danza grácil y alegre cuando se confía al Señor diciendo:

Para ser buen bailarín contigo
no es preciso saber
adónde lleva el baile.

Hay que seguirte,
ser alegre,
ligero
y, sobre todo, no mostrarse rígido.
No pedir explicaciones
de los pasos que das.

Hay que ser como una prolongación
ágil y viva de ti mismo
y recibir de ti el ritmo de la orquesta.
No hay que querer avanzar a toda costa,
sino aceptar dar la vuelta e ir de lado.

Hay que saber detenerse y deslizarse en vez de avanzar.
Esa danza no sería más que una serie
de pasos estúpidos
si la música no formara una armonía.

Pero olvidamos la música del Espíritu
y hacemos de nuestra vida un ejercicio de gimnasia;
olvidamos que debemos danzar en tus brazos,
que tu Santa Voluntad es de una fantasía inconcebible,
y que solo hay monotonía y aburrimiento
para las viejas almas
que asisten como testigos inmóviles
al alegre baile de tu amor.

Haznos vivir nuestra vida,
no como un juego de ajedrez
donde todo está calculado,
ni como un partido
donde todo es difícil,
ni como un teorema
que nos quiebra la cabeza,
sino como una fiesta sin fin
donde el encuentro contigo se renueva,
como un baile, como una danza
en los brazos de tu gracia,
con la música universal del amor.
Señor, invítanos a bailar[2].

---

[2] M. DELBRÊL, «El baile de la obediencia», en *Nous autres, gens de la rue,* Seuil, París 1995.

Lo mismo ocurre con la paciencia: hay que vivirla «como una prolongación ágil y viva» de Dios. La paciencia es una danza «en brazos» de la gracia divina. Proporciona un ritmo a nuestra vida, pues ya no escuchamos la música de nuestro egoísmo y de nuestro mal humor del momento, sino que bailamos al ritmo de «la música del Espíritu». Mientras que la música egocéntrica nos susurra al oído: «¡Intenta controlarlo todo! ¡Hazlo todo a tu ritmo! ¡No permitas que nadie te moleste!», la música del Espíritu canta: «¡Relájate! ¡Aprovecha la ocasión que te ofrece este encuentro! ¡Ama, ama, ama!».

Tener paciencia no se hace necesariamente más fácil, pero encuentra una excelente motivación. La paciencia nos aporta así una alegría: la alegría de configurarnos lo más posible a Dios, que no es más que amor.

Esa alegría nos abre a una nueva fecundidad. Lo que Jesús decía de sí mismo: «[La vida] nadie me la quita, sino que la doy yo por mí mismo» (Jn 10,18), lo podemos decir nosotros de nuestro tiempo: mi tiempo nadie me lo quita, ni siquiera los clientes lentos o distraídos de la cola del supermercado. No, nadie me lo quita, soy yo el que lo doy. Y lo doy con alegría. Lo doy de la misma forma que bailo: con alegría y tranquilidad.

Cuando decido que nadie me quita el tiempo, sino que soy yo quien lo doy, renuncio a querer controlarlo todo para disfrutar de lo inesperado. Pero hacerlo no es fácil. Nos cuesta renunciar a lo que controlamos para adentrarnos en lo desconocido. Si preguntáramos a un bebé en el vientre materno si quiere nacer, declinaría la invitación a salir de ese lugar tan cómodo que es el suyo. Sin embargo, debe abandonarlo. De lo contrario moriría.

En el plano biológico, pero también en el plano psíquico y espiritual, nuestra vida consiste en abandonar un estadio precedente para dirigirnos a otro que permitirá nuestro desarrollo. Por eso debemos renunciar a lo que nos gustaría conservar. De lo contrario nos estancaríamos en el estadio anterior y nos asfixiaríamos. Las ocasiones para ser pacientes son, en consecuencia, momentos particulares para entrar en la novedad que permite nuestro desarrollo. Cuando no estamos en tensión por lo que pasará o por lo que ya ha pasado, nos abrimos a recibir la novedad inesperada que Dios nos ofrece en el presente.

La decisión firme de soportar al prójimo

Un segundo remedio que nos ofrece el Espíritu Santo para fomentar la paciencia es el deseo sincero de soportar al prójimo. No como un precepto externo que debemos aplicar, sino como un arte de la relación. San Pablo nos invita a ese arte de la relación cuando exhorta a los cristianos de Éfeso: «Sed humildes, amables y pacientes. Soportaos unos a otros con amor» (Ef 4,2). Nos hallamos ante un tríptico esencial: la humildad, la amabilidad y la paciencia. La paciencia es una expresión de amabilidad mediante la elección de la humildad.

No es fácil ser paciente, pero está más a nuestro alcance de lo que pensamos. Basta con simplificar nuestra vida y amar lo pequeño siguiendo el modelo de Jesucristo, que «no consideró como codiciable tesoro el mantenerse igual a Dios» (Flp 2,6), sino que se hizo pequeño y semejante a los hombres y «se humilló a sí mismo haciéndose obediente hasta la muerte, y muerte de cruz» (Flp 2,8). ¿Cómo podemos confesarnos discípulos de Cristo y vivir nuestra existencia a un ritmo contrario al suyo? La mayor motivación para una paciencia humilde es el deseo de vivir al ritmo de Cristo.

De hecho, para tener paciencia solo hay un camino, y es soportar al prójimo. En su exhortación apostólica *Gaudete et exsultate,* el papa Francisco señala que este comportamiento ofrece una gran oportunidad para la santificación: «Si tú no eres capaz de soportar y ofrecer algunas humillaciones no eres humilde y no estás en el camino de la santidad»[3]. No se trata de la humillación deshumanizadora que ejerce un narcisista perverso, ya que de ese tipo de humillación hay que protegerse. Se trata simplemente de la humillación que sufre nuestro orgullo. Esa

---

[3] Papa Francisco, *Gaudete et exsultate* 118.

humillación hay que aceptarla para seguir a Cristo y a nadie más que a él. La paciencia nace de la aceptación de ese tipo de humillación, que nos descentra de nosotros mismos y nos molesta para hacernos más disponibles a la entrega. Es lo que nos aconseja el sabio Ben Sirá: «Todo cuanto te sobrevenga acéptalo, y en los reveses de la prueba sé paciente. Porque en el fuego se prueba el oro, y los elegidos del Señor en el horno de la humillación» (Si 2,4-5).

Esta aceptación humilde, sin rabia, nos permite encontrar una fuerza tranquila para soportar al prójimo, como señala san Pablo: «Soportaos unos a otros con amor» (Ef 4,2b). El magnífico texto *La imitación de Cristo,* esa obra de los siglos XIV-XV que tanto marcó la espiritualidad cristiana, nos dice:

Desea y aprende a sufrir con paciencia cualesquiera defectos y flaquezas ajenos, pues tú también tienes mucho en que te sufran los otros. Si no puedes hacerte a ti cual deseas, ¿cómo quieres tener a otro a la medida de tu deseo? De buena gana queremos a los otros perfectos, y no enmendamos los propios defectos. Queremos que los otros sean castigados con rigor, y nosotros no queremos ser corregidos [...]. Queremos que los demás estén sujetos a las ordenanzas, pero nosotros no sufrimos que nos sea prohibida cosa alguna[4].

---

[4] Tomás de Kempis, *La imitación de Cristo,* San Pablo, Madrid 2011², lib. I, c. 16, 2-3, 54.

Soportar al prójimo es, ante todo, una obra de lucidez y de justicia. Pero hay otra conversión que vivimos gracias a la paciencia: pasar de «soportar» apretando los dientes a «soportar» en el sentido de «sustentar», «apoyar». Para que un deportista dé lo mejor de sí mismo, necesita que le apoyen. Con su apoyo, sus seguidores permiten que el deportista se supere, que vaya más allá de lo que se creía capaz, o que recobre el ánimo cuando pensaba rendirse. Para asegurarse un apoyo semejante por parte de los demás, la paciencia convierte la posible irritación que suscita una persona difícil en atención para ofrecerle las palabras de aliento que necesita.

Cuando soportamos de esa manera al prójimo, ya no buscamos hacerle reproches, sino animarle a dar lo mejor de sí mismo poniéndonos a su ritmo.

Veamos a continuación cuatro pistas para soportar «con paciencia los defectos del prójimo», esa obra de misericordia que tanto nos cuesta poner en práctica.

Primera pista: rezar para que nuestro corazón se revista de paciencia

La primera pista se desarrolla en la oración: consiste en pedirle a Dios que calme nuestra impaciencia, que tranquilice nuestro corazón, que se irrita ante los defectos del prójimo. En su Carta a los colosenses, san Pablo no solo nos invita a ser humildes, amables y pacientes, como hace en Ef 4,2. Su invitación es aún más exigente:

> Revestíos, pues, como elegidos de Dios, santos y amados, de misericordia, de bondad, humildad, mansedumbre y paciencia (Col 3,12)[5].

Ese vestido de bondad, humildad, mansedumbre y paciencia nos lo da el propio Dios, que nos elige, nos santifica y nos ama. Pero nos corresponde a nosotros decidir si queremos ponérnoslo o no. Dios no nos da ese vestido para que nos lo pongamos o nos lo quitemos según se nos antoje. En la Biblia, el vestido es un indicador de la identidad. En cierto modo «se pega a la piel» y le recuerda a cada uno quién es.

El consejo de san Pablo puede resultarnos muy útil ante las personas especialmente insoportables, ya que debemos revestirnos de paciencia y rezar al Señor para que envuelva con su dulzura todos los demás sentimientos que nos embargan: irritación, indiferencia, asco tal vez. Que todo se revista del manto de la paciencia, porque el día de nuestro Bautismo nos hemos «revestido de Cristo» (Gál 3,27).

De ese manto de paciencia se revistió santa Teresa del Niño Jesús para soportar a una hermana de su comunidad en los oficios cotidianos:

---

[5] Una vez más he utilizado la traducción de la Biblia de Jerusalén por ajustarse más al sentido del texto (N. de la T.).

En cuanto esta hermana llegaba empezaba a hacer un ruido extraño parecido al que hacen dos conchas frotadas una contra otra. Yo era la única que lo percibía porque tengo un oído muy fino (demasiado fino a veces). No le puedo decir, madre, cuánto me fatigaba ese ruido. Me daban ganas de darme la vuelta y mirar a la culpable, que, por cierto, no caía en la cuenta de su tic. Sería el único medio de que lo advirtiera. Pero, en lo íntimo de mi corazón, algo me decía que más valía soportarlo por amor a Dios y para no hacer sufrir a la hermana. Entonces, me quedaba quieta, trataba de unirme a Dios y de olvidar el ruidito... todo era inútil. Sentía que me bañaba en sudor y no tenía otro remedio que hacer simplemente una oración de sufrimiento. Pero aun sufriendo, buscaba la manera de hacerlo no con irritación, sino con alegría y paz, al menos en lo íntimo del alma. Ponía todo esmero en amar el desagradable ruidito. En vez de tratar de no oírlo (cosa imposible), lo escuchaba atentamente, como si hubiera sido un concierto encantador, y toda mi oración (que no era precisamente de quietud) consistía en ofrecerle este concierto a Jesús[6].

Santa Teresita no se irritó contra aquello que le impedía rezar con tranquilidad. En lugar de eso, revistió su oración de dulzura y paciencia, haciéndola profundamente crística.

---

[6] Teresa del Niño Jesús, *Historia de un alma,* San Pablo, Madrid 2018², Manuscrito C, fol. 30r°, 335.

Segunda pista: intentar ver la parte buena de los demás

Para soportar al prójimo con paciencia, os propongo una segunda clave: aprender a admirar sus cualidades. Se trata de una llamada a buscar la parte buena de los demás, en vez de irritarnos contra aquello que nos impacienta.

Es una actitud al alcance de todos, y consiste en no fijarse sin cesar en los defectos del prójimo, no reprocharle lo que no hace, o lo que hace demasiado lento, sino prestar atención a sus progresos y alegrarse de lo que hace bien. No es difícil, pero nos obliga a cultivar una mirada indulgente sobre los demás, algo indispensable para los que tienden a fijarse siempre en lo malo.

He aquí una pequeña historia que puede motivarnos a adoptar esa mirada que no es ingenua, sino bondadosa:

Un día, el hermano Dositeo fue enviado por el abad a un monasterio lejano. Dositeo partió muy contento, pues debía cruzar un desierto de santos eremitas y esperaba obtener de ellos un mensaje de Dios. Cuando iba caminando divisó un eremitorio. Dositeo se acercó y preguntó si había alguien, pero no hubo respuesta. Llamó a la puerta, y nada. Entonces la abrió y se encontró con una celda perfectamente ordenada. Todo estaba limpio y bien cuidado. Dositeo sonrió y se fue de allí pensando: «No he podido hablar con el eremita, pero no importa. Su celda me ha servido de ejemplo. Este hermano debe de tener un alma muy ordenada si conserva la celda tan limpia». Unas horas más tarde se encontró con otro eremitorio. Dositeo se acercó y preguntó si había alguien, pero no hubo respuesta. Llamó a la puerta, y nada. Cuando la abrió, la puerta emitió un siniestro crujido que hizo huir a una enorme rata, que estaba comiendo de una escudilla que el eremita había dejado en el suelo. Había cucarachas por todas partes, y unas gigantescas moscas azules estaban posadas en un bulto inidentificable al fondo de la celda. Dositeo miró atónito a su alrededor y acto seguido cerró la puerta, sonriendo. «Este hermano debe de estar tan unido a Dios y a los ángeles –se dijo–, que ni siquiera se da cuenta del desorden que hay en la tierra»[7].

Cualquier ocasión de ver la parte buena de los demás puede transformar profundamente nuestra mirada, pues, en realidad, esa persona que no soporto no es tan intratable como pensaba. Tiene buenas cualidades, una gran inteligencia, una perspectiva diferente sobre las cosas, ideas interesantes... La impaciencia se transforma así en atención apasionada para descubrir la parte buena

---

[7] Citado por el hermano Benoît de la abadía de Maylis en *Humilité, douceur, patience,* http://www.abbayedemaylis.org/2015/01/23/humilite-douceur-patience/. Consultado el 1 de junio de 2019.

del otro. Se convierte en una fuerza de atracción, que despierta el deseo de acercarse a la persona que la impaciencia nos llevaba a evitar.

La paciencia también puede encontrar su motivación en el deseo de complacer a Jesús en nuestra mirada sobre las personas difíciles. Porque Jesús las ama a todas por igual. Es lo que intentó hacer santa Teresa del Niño Jesús para luchar contra la impaciencia que sentía ante una hermana que, según la Santa, tenía «el don de desagradarme en todo: sus modales, sus palabras, su carácter me parecían muy desagradables».

Esta es la táctica que empleó santa Teresita para no sucumbir a la impaciencia:

> Puse todo mi empeño en hacer por esta hermana lo que hubiera hecho por la persona más amada. Cada vez que me la encontraba rezaba al Señor por ella, ofreciéndole todas sus virtudes y sus méritos. Sentía que esto agradaba a Jesús, porque no hay artista a quien no le guste ser alabado por sus obras, y Jesús, el Artista de las almas, es feliz cuando uno no se detiene en lo exterior, sino que penetrando hasta el santuario íntimo que él eligió para morada, se admira su belleza[8].

---

[8] Teresa del Niño Jesús, *Historia de un alma, o.c.,* Manuscrito C, fol. 14rº, 305.

Tercera pista: no aprovecharse de las debilidades de los demás

Sin embargo, todos tenemos nuestros puntos débiles. Para soportar con paciencia los defectos del prójimo, aún es necesaria otra conversión: amarle en su debilidad.

Cuando descubrimos la debilidad del prójimo, la reacción de impaciencia más habitual es hacer partícipes de ella a los demás. Así tenemos tema para una jugosa conversación llena de críticas y maledicencias.

Otra reacción consiste en aprovecharnos de esa debilidad que hemos descubierto en el otro, ya que así podemos atacar sus puntos débiles. De una manera u otra, esa tentación se basa siempre en la rivalidad que existe entre las personas. Pero si estamos habitados por la esperanza de la vida eterna, hay una evidencia que salta a la vista: el otro no es un rival, sino un compañero de camino, un compañero que se convertirá en un amigo eterno en la Jerusalén celestial.

Por eso debemos dejarnos conmover por ese compañero de viaje y por sus flaquezas. Debemos ayudarnos a caminar, sostenernos mutuamente, apoyarnos el uno al otro, tendernos la mano. El padre Stan Rougier decía: «Debemos amar al prójimo en la medida en que le sabemos incompleto»[9]. Porque el amor

---

[9] S. ROUGIER, *L'avenir est à la tendresse*, Salvator, París 1987[7], 21.

paciente «completa» lo que le falta al otro. Como no todos tenemos las mismas debilidades, el deseo de acoger con paciencia las debilidades del prójimo ayuda a vivir esa complementariedad mutua, gracias a la cual nos apoyamos unos a otros. Así, la paciencia nos permite habituarnos a vivir mejor con los demás.

Cuarta pista: identificar aquello en lo que
el prójimo es capaz de convertirse

Puesto que el amor completa lo que falta, debe ofrecerse a largo plazo. He aquí la cuarta pista para soportar los defectos del prójimo: no fijarse solo en cómo se comporta hoy, sino identificar también en qué puede convertirse. Esa es la mirada fundamental de Dios sobre nosotros, pues no solo se fija en nuestras vidas presentes –que no siempre son ejemplares–, sino que ve también nuestras potencialidades. Dios nos ve a todos como los santos que desea que seamos.

Esa mirada positiva dirigida al futuro es esencial. Sabemos que los padres permiten que su hijo crea en sí mismo cuando posan una mirada positiva sobre su futuro. Los padres que dicen a su hijo que es un fracasado y que nunca conseguirá nada no le están permitiendo contemplar su futuro con esperanza. La paciencia con el prójimo se alimenta de la fe en sus posibilidades. Nos lleva a ofrecer al prójimo esa mirada positiva sobre su futuro.

Abrirse a la fecundidad de la espera

Todos estos consejos para tener paciencia chocan con una gran dificultad: dar un sentido a la espera. De manera instintiva, percibimos la espera como una absoluta pérdida de tiempo. Esto nos lleva a despreciar el presente, porque estamos completamente obsesionados por lo que va a pasar, en vez de dar sentido a lo que vivimos en cada momento.

Sin embargo, cuando evitamos renunciar a vivir el presente, descubrimos que es ahí donde el Señor nos espera. Sin duda he perdido unos minutos en la caja del supermercado, pero si me abro a lo imprevisto, en realidad no los he perdido. Porque a lo mejor, detrás de mí, hay una señora que necesita ayuda para sacar del carrito un paquete que pesa demasiado. Así que le ofrezco mi ayuda e intercambiamos unas palabras. Es posible que esa sea la única conversación que esa señora, que vive sola, tenga en todo el día. Al mirar lo que he dejado en la caja, es posible que me comente que tengo los mismos gustos que sus nietos, porque, como ellos, he elegido la misma marca de galletas. Entonces me habla de sus nietos, a los que no ve muy a menudo. Su mirada se ilumina. Pronto los verá, me confiesa. Por eso también ha comprado galletas.

Esa señora volverá a su casa con una enorme sonrisa, con el corazón reconfortado. Para retomar la distinción griega entre el *krónos* y el *kairós,* ambos habremos vivido un *kairós*. Si me hubiera quedado encerrado en mi *krónos*, en esos cinco minutos de espera, me habría perdido ese hermoso encuentro, me habría perdido la ocasión de hacer el bien, de hacer feliz a alguien. De hecho, si no hubiera hablado con esa señora, es cuando realmente habría perdido el tiempo.

Y aunque me hubiera quedado solo en la cola, sin nadie detrás con quien hablar, habría podido transformar ese momento de impaciencia en un instante de fecundidad, uniéndome a Cristo en una breve oración. Gracias a Jesucristo, podemos transformar nuestras impaciencias en ofrendas. La espera permite la fecundidad, favorece la contemplación, intensifica el deseo, consolida la confianza y prepara para la venida del Señor.

Es más, la experiencia más banal puede ayudarnos a entender que a veces conviene esperar para acrecentar el deseo. En los momentos de fiesta, la espera forma parte de la celebración. Un proverbio africano dice que «el mejor día de una fiesta es la víspera». Recordemos las Navidades de nuestra infancia, cuando disfrutábamos más la víspera que el día después, cuando ya habíamos abierto los regalos y la alegre tensión de la espera había desaparecido.

La espera nos ayuda a seguir adelante y despierta nuestra curiosidad por el futuro. Cuando se espera, aún no se sabe todo. Lo mismo ocurre con la esperanza en la vida eterna, ya que aporta un entusiasmo, un deseo de esperar a que llegue aquello que colmará las más bellas aspiraciones de nuestro corazón.

Además, la espera es necesaria para seleccionar los deseos. También suscita la confianza, pues una promesa que se cumpliese en el momento sería sin duda reconfortante, pero no nos dejaría tiempo para confiar. Sin embargo Dios, en su plan amoroso, decidió dejar intervenir duraciones, esperas y promesas que solo se cumplirán más tarde, dándonos tiempo a comprobar su cumplimiento y a acrecentar nuestra fe. De Abrahán a Moisés, de Noé a David, el Señor concede su gracia en el momento presente, pero también formula grandes promesas para el porvenir. ¿Estamos dispuestos a esperar su cumplimiento?

La paciencia en la espera permite fundar nuestra vida en el deseo de fecundidad, más que en la búsqueda de tranquilidad. La fecundidad se inscribe en el tiempo, mientras que la búsqueda de tranquilidad se preocupa por el bienestar del momento. Jesús nos ofrece una magnífica parábola para comprenderlo, la de la vid y los sarmientos: «Él [el Padre] corta todos los sarmientos que no dan fruto en mí, y limpia los que dan fruto para que den más» (Jn 15,2).

Sabemos que si la vid no se poda, su savia se agota en el follaje y las ramificaciones. En consecuencia, el fruto no madura lo suficiente para hacer buen vino. Para que la vid dé fruto, hay que podarla. Y para eso debe confiar en el viñador, que sabe muy bien cómo y cuándo debe hacerlo. El mensaje está claro: para que nuestra vida dé un fruto del que los demás puedan beneficiarse, es necesario que Dios Padre venga a cortarla. ¿Pero qué preferimos, la tranquilidad o la fecundidad? El deseo de tranquilidad nos lleva a desear un presente placentero; el deseo de fecundidad nos orienta a lo que está por venir.

La fecundidad de la espera también fomenta otra virtud: la perseverancia. Como señala san Bernardo, «empezar es común, perseverar es raro [...]. ¿Para qué correr si caemos rendidos antes de llegar a la meta?»[10]. La perseverancia inscribe nuestra vida y nuestros compromisos en el tiempo. Nos ofrece la paciencia de esperar a que las cosas se desarrollen. Porque, muchas veces, los comienzos son modestos: hasta los árboles más grandes empiezan siendo pequeños brotes. La paciencia permite esperar a que aquello que es pequeño pueda desarrollarse. Por eso, en la vida se consiguen más cosas con un poco de talento y mucha perseverancia que con un gran talento y sin perseverancia.

Asimismo, la paciencia nos permite soportar con valor los reveses de la vida. En la parábola del sembrador, Jesús dice a propósito de los creyentes que reciben la semilla sobre el pedregal: «Oyen la Palabra y la aceptan con alegría; pero no tienen raíz, creen por algún tiempo y en el momento de la prueba se vuelven atrás» (Lc 8,13). El que no sabe esperar a que

---

[10] Bernardo de Claraval, *Sermón XLI*, 10.

crezcan los frutos de lo que se ha sembrado en él es como una planta sin raíces sólidas. Solo la perseverancia permite esperar a que se desarrollen las raíces que nos permitirán sobrevivir a la tempestad. Así, ni siquiera los fracasos nos impedirán seguir adelante.

La paciencia perseverante es en primer lugar la del Espíritu Santo en nosotros, pues si nos dejamos habitar por ella, encontraremos el camino del cielo: «Todos os aborrecerán por causa mía, pero el que persevere hasta el fin se salvará» (Mt 10,22). La perseverancia permite al Espíritu Santo transformar de manera progresiva todo nuestro ser.

En ese sentido, los sacramentos son los dones más sublimes para dejarnos invadir por el Espíritu Santo, pues son, según el papa Francisco, los medios de «la progresiva integración de los dones de Dios»[11] en nuestra vida cotidiana. Así, a medida que nos confesamos y comulgamos, adquirimos los «sentimientos que tuvo Cristo Jesús» (Flp 2,5), es decir, nos conformamos progresivamente con Jesucristo.

Esta integración progresiva, paciente y perseverante, es también una tensión positiva hacia el cumplimiento total de lo que esperamos: la eterna beatitud, o el regreso de Jesucristo en toda su gloria. Cada año, el Adviento reaviva en el corazón de los cristianos ese gran deseo que nos lleva a cantar: «¡Ven, Señor Jesús!» (Ap 22,20). Así, cada momento

---

[11] Papa Francisco, *Amoris laetitia* 122.

de espera, sea elegido o impuesto, puede convertirse en ocasión de reavivar ese gran deseo, y nos recuerda que lo que esperamos es mucho más grande que lo que las realidades terrenas pueden ofrecernos. Cuando esperamos pacientemente en la parada del autobús, en un atasco o en la cola del supermercado, ¿por qué no retomar ese gran grito de la humanidad: «Ven, Señor Jesús»? De esa forma, toda espera se convierte en ocasión de acrecentar el deseo de la venida de Cristo.

La paciencia es por tanto un recuerdo, a veces doloroso pero siempre necesario, de que estamos hechos para algo más que este mundo. Este mundo no nos basta, y no nos bastará jamás. Aunque progrese en tecnología o en poder adquisitivo, conviene recordar que no estamos hechos a la medida del mundo, porque Dios nos hizo para Él. En medio del ajetreo de la vida cotidiana, resulta útil escuchar la llamada al cumplimiento eterno de lo que somos.

Gracias a Jesucristo, que murió y resucitó para salvarnos, somos portadores de una esperanza distinta a la que el mundo puede prometernos. Por eso, nuestros objetivos en la vida no tienen nada que ver con las cotizaciones en bolsa, ni con los sueldos millonarios, ni con el sabor de la próxima comida. Eso no nos basta, y a Dios tampoco.

No obstante, esa convicción de fe no nos lleva a desentendernos de la vida cotidiana. Al contrario, puede anclarnos más en ella, a la vez que nos abre a su cumplimiento eterno. Solo así se pueden sobrellevar con paciencia las cruces de la vida, porque la mirada de esperanza nos lleva a abrazar la cruz con serenidad. Para conservar la paciencia cuando sufrimos una desgracia, sea cual sea, ¿por qué no dejamos que la paciencia venga a tocar esa desgracia, e incluso se asiente en ella? Debemos dejar que la paciencia se instale en las heridas y las decepciones, en las culpabilidades, los remordimientos, los miedos y hasta en las células enfermas y los órganos debilitados... Debemos dejar que la cruz se instale en ellos. Porque la cruz tiene el poder de transformar el odio en amor, la muerte en vida. A Jesús le escupieron, le golpearon y le humillaron... Y él, a cada ocasión, amaba, bendecía e intercedía por nosotros. Jesús nunca dejó de amar y bendecir. Y lo hizo con paciencia.

Unirse a la cruz de Cristo soportando pacientemente nuestras propias cruces equivale a creer que nuestra vida personal y la historia del mundo se hallan en una dinámica de alumbramiento. La cruz nos ayuda a abandonar lo que solo le pertenece al mundo. Le da la vuelta a nuestras prioridades. Al transformar el odio en amor, la cruz desencadena todas las demás transformaciones que la gracia obra en nosotros a lo largo del tiempo: ya no soy «yo», soy Cristo. Ya no es el pan y el vino, es su Cuerpo y su Sangre. Ya no es cada uno quien lo recibe, sino que todos en conjunto formamos parte de su Cuerpo.

No su Cuerpo que vive por sí mismo, sino su Cuerpo entregado para transformar el mundo. Pero para eso hace falta tiempo, el tiempo de una gestación, de un alumbramiento.

La paciencia en nuestras cruces es el sublime acto de fe en la victoria de Cristo. Por eso san Pablo se atreverá a decir:

> Nos alegramos también en los sufrimientos, conscientes de que los sufrimientos producen la paciencia, la paciencia consolida la fidelidad, la fidelidad consolidada produce la esperanza y la esperanza no nos defrauda, porque el amor de Dios ha sido derramado en nuestros corazones por medio del Espíritu Santo que nos ha dado (Rom 5,3-5).

Cuando sufrimos alguna dificultad, nuestra primera reacción es huir de ella. El Apóstol, sin embargo, nos invita a «alegrarnos» en los sufrimientos tomando como modelo a Jesús, que vivió pacientemente su Pasión.

La perseverancia en la desgracia nos ayuda a seguir adelante a pesar de las decepciones y los fracasos inherentes a toda vida humana. Permite que todas esas dificultades se conviertan en ocasiones de alumbramiento «de algo más grande», para uno mismo o para los demás, que a lo mejor no tienen el valor de ser tan perseverantes, o no han recibido la gracia de ser conscientes de esa perseverancia.

Para poder vivir ese alumbramiento, el cristiano debe seguir adelante, y debe hacerlo con valor. Su perseverancia y su paciencia las vive «con alegría», como dice san Pablo (Col 1,11). Estas no son solo una carga, sino un sentido positivo que se da a la existencia, un entusiasmo para seguir sembrando sin cesar. Es la actitud que revela santa Teresa de Jesús en este testimonio:

> Estaba una monja entonces enferma de grandísima enfermedad [...]. Murió presto de ello. Yo veía a todas temer aquel mal. A mí hacíame gran envidia su paciencia. Pedía a Dios que, dándomela así a mí, me diese las enfermedades que fuese servido[12].

La Santa no es masoquista, simplemente se ofrece y le dice al Señor: «¡Sírvete!». Su coraje y su paciencia se convierten en una fuente de amor de la que el Señor puede servirse para salvar almas.

La paciencia nos ayuda a soportar los sufrimientos, porque centra nuestro corazón y nuestra alegría en el bien que esperamos, y no en el mal que soportamos. De ahí su relación con la perseverancia, que nos ayuda a permanecer fieles a nuestro proyecto inicial a pesar de las dificultades, que pueden hacernos olvidar el objetivo perseguido.

---

[12] TERESA DE JESÚS, *El libro de la vida,* San Pablo, Madrid 2015², c. 5, 2.

La paciencia nos abre a la fecundidad como un alumbramiento. Es un acto de fe en algo que aún no ha llegado, pero que esperamos. La paciencia sirve de vínculo entre el presente y lo que está por venir. Es la columna vertebral de la esperanza.

Cuando Jesús propone a quien quiere seguirlo que tome pacientemente su cruz, nos está invitando a ver la cruz desde una perspectiva de esperanza, como una oportunidad de gestación que nos prepara para grandes cosas; un alumbramiento a veces doloroso, pero que da vida.

Por eso, la paciencia a pesar de las dificultades se apoya en dos grandes convicciones de fe. La primera es la confianza en la salvación gracias a la victoria de Jesucristo. Apoyándose en esa confianza, la vida se abre a algo mucho más grande que los padecimientos del presente. Por eso san Pablo se atreve a afirmar: «Estimo, en efecto, que los padecimientos del tiempo presente no se pueden comparar con la gloria que ha de manifestarse en nosotros» (Rom 8,18). El Apóstol no niega la realidad de los sufrimientos; él mismo los padeció en gran número. Pero ve el alumbramiento que está en marcha cuando señala: «Porque la creación está aguardando en anhelante espera la manifestación de los hijos de Dios» (Rom 8,19).

Sin embargo, la paciencia no solo atañe a la espera de lo que está por venir. También es la acogida de lo que ya nos ha sido concedido: la victoria de

Jesucristo. San Juan Pablo II lo explicó de forma admirable en *Salvifici doloris,* una carta apostólica de 1984 que anunciaba, casi veinte años antes, lo que el Papa viviría en sus propias carnes en los últimos años de su pontificado:

> Cristo con su sufrimiento en la cruz ha tocado las raíces mismas del mal: las del pecado y las de la muerte. Ha vencido al artífice del mal, que es Satanás, y su rebelión permanente contra el Creador. Ante el hermano o la hermana que sufren, Cristo abre y despliega gradualmente los horizontes del reino de Dios, de un mundo convertido al Creador, de un mundo liberado del pecado, que se está edificando sobre el poder salvífico del amor. Y, de una forma lenta pero eficaz, Cristo introduce en este mundo, en este reino del Padre al hombre que sufre, en cierto modo a través de lo íntimo de su sufrimiento. En efecto, el sufrimiento no puede ser transformado ni cambiado con una gracia exterior, sino interior. Cristo, mediante su propio sufrimiento salvífico, se encuentra muy dentro de todo sufrimiento humano, y puede actuar desde el interior del mismo con el poder de su Espíritu de verdad, de su Espíritu consolador[13].

Es aquí donde el acto de fe es esencial: no centrarse solo en la impaciencia por terminar con aque-

---

[13] Juan Pablo II, *Salvifici doloris* 26.

llo que viene a alterar la gestión del tiempo presente, sino acogerlo como el alumbramiento de una realidad más grande, viviendo la realidad de la salvación que nos ha sido concedida ya en el presente.

Me despierta una gran admiración el testimonio de esta mujer enferma, que consiguió superar la impaciencia de curarse con este cambio de perspectiva:

> Caí en ese error común en el que cae tanta gente, que consiste en creer que cuando la enfermedad hace su aparición, todo se para, como un reloj al que ya no se le puede dar cuerda. Aún no sabía que la vida puede adoptar toda clase de formas, incluida la de la enfermedad. Que la desgracia, sea cual sea, también constituye un material apto para forjar vida. Y que vivir no es esperar, sino sacarle el máximo provecho al momento presente[14].

A menudo, la impaciencia procede de la impresión de que la enfermedad define todo lo que somos. Sin embargo, en vez de «soy un enfermo», deberíamos decir «tengo una enfermedad», porque el estado de enfermedad no define todo lo que somos ni lo que está por venir. Por culpa de la impaciencia, corremos el riesgo de olvidar todo lo que tenemos que vivir en el presente, despreciándolo porque nos

---

[14] F. Pastorelli, *Servitude et grandeur de la maladie,* Plon, París 1933, 78.

resulta difícil de soportar. Sin embargo, no se puede estar en paz sin estar en el presente, sin intentar convertirlo todo en vida.

Las siete claves para una paciencia cristiana

Los remedios para la impaciencia no son «pequeños trucos» de desarrollo personal, que nos permiten luchar contra la tendencia del ser humano a impacientarse por todo. Estos remedios pertenecen al orden de la fe, que lógicamente se inscribe en la realidad humana, pero para abrirla a la nueva vida en Cristo.

De esa manera podemos enumerar siete claves para una paciencia verdaderamente cristiana, encarnada y llena de esperanza:

1. *La lucidez*. Identificar cuándo me puede la impaciencia. ¿Cuáles son las sensaciones, los pensamientos que atestiguan que la impaciencia me invade? Se trata, en primer término, de aceptar que la impaciencia está ahí... en vez de impacientarme porque quiero acabar con ella cuanto antes.

2. Cuando acepto que la impaciencia está ahí, puedo *considerarla con cierta distancia,* e incluso con humor, para desvincularme de ella. Incluso en el caso de una gran impaciencia,

esta toma de distancia me permite darle menos importancia, relativizarla e incluso negarla del todo.

3. Preferir claramente la paciencia a la impaciencia y aprovechar la mínima oportunidad no para aguantar, sino para *elegir la paciencia con alegría*. Si no puedo cambiar las circunstancias de la vida (por ejemplo en un atasco o en una cola), puedo decidir cambiarme a mí mismo: controlar mi lenguaje cuando pierdo la paciencia, controlar mis gestos e intentar aliviar la tensión que siento.

4. Para eso, una cuarta clave consiste en *asumir la situación:* recibir la paciencia como un don del Espíritu Santo. La paciencia no es una simple conquista personal, es un don de Dios que debemos acoger.

5. Gracias a la acogida del Espíritu Santo, puedo *librarme de los pensamientos que me conducen a la impaciencia* y que además no son ciertos, como por ejemplo: la certeza de tener siempre razón, la seguridad de ir siempre al mejor ritmo, la convicción de deber corregir siempre a los demás en vez de dejarlos a su aire, el sentimiento de superioridad, etc.

6. *Elegir una doble aceptación activa y no pasiva:* aceptar mis propias imperfecciones y fracasos; y aceptar que los demás son diferentes a mí. No piensan como yo, son distintos, tienen

otra cultura, otra mentalidad, otro carácter. Y creer que es bueno que sea así.

7. Cuando caiga en la impaciencia, *volver a levantarme* para reavivar el deseo del cielo, donde ya no tendremos que tener paciencia porque todo nos será concedido, porque Dios será «todo en todas las cosas» (1Cor 15,28).

Una invitación a emular
a la ostra

Al término de este recorrido por la paciencia, permitidme que os anime a emular a la ostra. No para que os encerréis en vuestra concha, sino para que toméis a este animal como modelo en su habilidad para transformar los granos de arena en perlas.

El grano de arena que, en ocasiones, se aloja entre la concha de la ostra y el manto, se va recubriendo poco a poco de capas de calcio. Con el tiempo, ese grano de arena se transforma en una hermosa perla.

Lo mismo nos ocurre a nosotros con las pequeñas molestias de la vida, que son como granos de arena que vienen a perturbar nuestra tranquilidad: recubiertas de la gracia divina y soportadas con paciencia, esas molestias pueden convertirse en perlas preciosas.

Incluso los grandes sufrimientos provocados por la enfermedad o las desgracias pueden vivirse como acontecimientos que la gracia recubre con su delicadeza, para transformarlos en perlas y abrirnos a la perla eterna que es el Paraíso.

La paciencia es una de esas perlas que Jesús nos invita a descubrir y a hacer nuestras: «El reino de Dios es semejante a un mercader que busca perlas preciosas. Cuando encuentra una de gran valor, va, vende todo lo que tiene y la compra» (Mt 13,45-46). La paciencia no es solo lo que permite el desarrollo progresivo de la perla, sino que es en sí misma una perla de gran valor.

Cuando comprendemos su valor, vendemos todo lo que tenemos para no separarnos de ella. Así, podemos cantar como santa Catalina de Siena:

¡Oh paciencia, qué agradable eres! ¡Cuánta confianza proporcionas a quien te posee! Eres reina que domina y no eres dominada por la ira [...]. Eres reina y posees el mundo entero[1].

Quien descubre que la paciencia es una perla de gran valor ya no quiere perderla. Porque sabe que dejando que esa virtud habite cada uno de sus actos, cada uno de sus pensamientos, está cerca del reino de Dios.

---

[1] CATALINA DE SIENA, *Epistolario* 2. *Espíritu y doctrinas* (ed. a cargo de José Salvador Conde, OP), San Esteban, Salamanca 1982, 498-499.

Mi venida está próxima;
guarda bien lo que tienes,
para que nadie te robe tu corona
(Ap 3,11).

¡Que nadie te robe la paciencia!

Índice

**Introducción. ¡Santa paciencia,
ruega por nosotros!**............................. 7

**1. Las siete grandes causas
de la impaciencia**.............................. 13
La impaciencia como expresión de un
deseo de tener una vida más intensa 13
La impaciencia como reacción
al aburrimiento 19
La impaciencia como deseo de control......... 21
La impaciencia como reacción egocéntrica.... 25
La impaciencia como dificultad
para soportar a los demás.................... 28
Aprender a identificar el cansancio 32
Cuando nos impacientamos porque la vida
nos resulta insoportable......................... 35

**2. Cuando la paciencia de Dios desciende
sobre nosotro**s................................. 41
La paciencia del Creador 42

La paciencia misericordiosa del Dios
    de la alianza.. 43
El alfa y el omega de la paciencia 51
Jesucristo nos enseña la paciencia del Padre.... 55
El Espíritu Santo, paciencia que
    nos consuela en lo más íntimo............... 62
Una espera llena de esperanza 65

3. Remedios para la impaciencia............... 71
La desapropiación gozosa de uno mismo
    y de su tiempo..................................... 71
La decisión firme de soportar
    al prójimo 76
Abrirse a la fecundidad de la espera 87
Las siete claves para una paciencia
    cristiana... 99

**Conclusión. Una invitación a emular
    a la ostra**.. 103